PROMENADES

DANS

TOULON ANCIEN ET MODERNE.

ESQUISSES HISTORIQUES,

PROMENADES

DANS

TOULON ANCIEN ET MODERNE,

Par H. V., archiviste de la ville,

Dédiées aux Toulonnais.

TOULON,
CHEZ L. LAURENT, LIBRAIRE-ÉDITEUR.

1841.

Malgré tous les soins pris par l'auteur pour ne rien omettre d'essentiel, pour ne rien dire que de vrai, s'il lui est échappé quelques erreurs, il recevra avec reconnaissance les observations de tout lecteur bénévole, et s'empressera de les rectifier sur le manuscrit de cet ouvrage qu'il se promet de déposer dans les archives de la ville.

Toulon. — De l'imprimerie de L. Laurent, rue de l'Hôtel-de-Ville.

HABITANS DE TOULON!

En vous dédiant ces essais historiques, ce n'est, en quelque sorte, qu'une restitution que je vous fais; j'en ai pris tous les matériaux dans les archives qui vous appartiennent. Les faits que j'ai cités, leur date, celle de la fondation des établissemens, des monumens que j'ai décrits, sont appuyés par les actes authentiques conservés à l'Hôtel-de-Ville de votre noble cité. Ces actes, je les ai déchiffrés, examinés, vérifiés avec la plus scrupuleuse attention. Je me proposais même d'en rapporter textuellement un grand nombre comme preuves justificatives du plus haut intérêt, j'ai été retenu par la crainte d'augmenter les frais d'impression de cet opuscule : daignez, toutefois, l'agréer, tel qu'il est, comme l'hommage des sentimens de respect et d'attachement

De votre dévoué concitoyen,
H. VIENNE,
Archiviste de la ville.

Toulon, 27 décembre 1840.

FAUTES ESSENTIELLES A CORRIGER.

Pag. lig.

1		Au lieu de : *Toulon à Marseille*, lisez de Marseille à Toulon.	
2	32	Au lieu de : *sur la mère du sauveur le culte* : lisez : sur la mère : du sauveur, le culte.	
3	8	— *de raconter*	— à raconter.
4	6	— *mais nous entrons*	— nous entrons.
6	3	— *A Brignoles*	— et Brignoles.
11	12	— *Votre gauche*	— A votre gauche.
id.	24	— *1670*	— 1679.
12	8	— *Vivifiées*	— vivifiée.
id.	20 et suiv. lisez : dans la soirée, et pendant que, sur le canapé de rigueur, vous vous délasserez des cahots du voyage, vous pourrez, etc.		
16	19	Au lieu de *eurs*	lisez leurs.
21	29	— *ièclés*	— siècles.
22	9	— *Amsode*	— Armode.
24	2	— *Avait dû la confier*	— Avait dû confier la sienne.
26		Ajoutez à la note (1), et nous la reproduirons lorsque nous parlerons de la cathédrale dans notre 3ᵉ promenade.	
47	32	Au lieu d'un point après rue du Trabuc, mettez une virgule.	
30		A la note *à la fin du XVᵉ siècle*. — XVIᵉ siècle.	
47	19	— *Tous massacrés*	— sont massacrés.
70	17	— *Canastre*	— cadastre.
51	11	— *Toulon l' possédait*	— Toulon possédait.
51	12	— *Probabement*	— Probablement.
57	19	— *A la formation des partis*	— de partis.
58	22	— *Insulté et maltraité*	— le comte roi Louis II. sans alinéa.
65	26	— *Vandemont*	— Vaudemont.
66	3	— *Bulgueville*	— Bulgneville.
67	18	Ajouter à 8 *florins*, le florin valait 12 sols.	
id.	30	Après *pendant la guerre* mettez un deux points.	
91		A la note au lieu de *scirent et* lisez *scirent si*.	
94		A la dernière ligne de la note *porté*, lisez *portés*.	
97	13	— *de Saint-Esprit*	— du Saint-Esprit.
113	18	— Otez la virgule entre remontant au couchant.	

Pag. lig.
144 12 — *Colonne* — coupole.
147 13 Mettre une virgule après de l'arsenal.
149 23 Au lieu de *ne puissent* — ne pussent.
157 29 — *Porposa* — Proposa.
159 18 Mettez après la révolution :
id. 24 — *donnai* — donnait.
id. 26 — *Adresés* — adressés.
id. 28 — Au lieu *de guerre*, lisez guerre ;
160 3° de la note, au lieu de *ses à consuls :* lisez à ses.
id, dernière id. *es consuls* — les consuls.
161 24 — *Leur non* — leur nom.
163 3 de la seconde inscription, au lieu de *ulteri :* lisez *alteri*.
168 20 et 21 — 1826, 1820 — 1836, 1821.
169 6 Mettez ou deux points après cachot.
174 11 Au lieu d'un point mettez une virgule après 1524.
171 32 Après verbalement mettez une virgule.
178 28 *Vers le seigneur de Ste-Croix* — Vers ledit seigneur de Croyx.
179 1 — *du'ils* — qu'ils
226 5 — sujet, surtout sous ce dernier rapport,
228 6 De judicature,
231 1ʳᵉ ligne du texte, supprimer *lorsque*. Mettre un point après Marie-Thérèse. Ce prince
240 14 — *trois* — deux.
241 8 — *de dépôt* — du dépôt.
243 18 — *Hydrauliques* — hydrauliques.
246 9 — *Curage* — creusage.
id. 12 Disputa, quinze ou 16 ans après,
id. 32 — 1830 — 1839.
248 7 — *Etendus au soleil ou jouant* — Etendus au soleil, ou jouant.
249 6 — *Des gardes-sous-comes* — des comes, sous-comes.
254 31 — *Remis* — Réuni.
255 4 — *Lavoir* — Levant.
257 30 — *Des bâtimens* — de bâtimens.
259 6 — *Breguillon* — Bregaillon.
id. 8 — *Balagnier* — Balaguier.
260 28 — *Possibles* — possible.
262 14 — *Sa protection* — une opportune protection.
263 26 — *De ce petit castel :* ajoutez dit de Missiessy, propriété des Burgues de Missiessy dont le nom a figuré et figure encore avec distinction sur la liste des officiers supérieurs de la marine.
283 82 — *Et tel que l'autorité* — et Tel, que.

INTRODUCTION.

COUP-D'OEIL

SUR LA ROUTE DE TOULON A MARSEILLE.

Puisqu'un heureux hasard, mon cher Albert, nous réunit dans le coupé de la diligence, et devance le plaisir que je me promettais de vous recevoir à Toulon et d'y être votre *Cicerone*, permettez que dès cet instant j'en commence l'office. Quelques détails sur les différentes communes que nous allons traverser, ou que nous apercevrons à peu de distance de la route abrégeront la longueur du chemin.

Quoique Parisien et enthousiaste à juste titre des monumens grandioses que renferme votre ville natale, vous n'êtes point exclusif, et vous êtes assez ami de la nature et des arts, pour accorder votre attention à ce qui, dans la Province, mérite de la fixer; elle aussi possède des beautés dont le piquant contraste excite l'étonnement, exalte l'imagination, agrandit le cercle des idées, et dont la variété force l'observateur, tout en lui laissant la faculté d'admirer les miracles de l'industrie des hommes, à incliner sa raison devant les œuvres incompréhensibles du grand architecte de l'univers.

Vous avez peu de places à Paris, mon cher Albert, qui offrent un point de vue plus riche que celui qu'on a devant soi, de la Cannebière dont nous venons de partir en jetant les regards sur le port ; il y a dans la capitale peu de rues aussi longues, aussi larges, aussi régulièrement bâties que la rue de Rome, où nous nous trouvons, à la prendre seulement de l'Arc-de-triomphe près duquel vous avez passé en arrivant d'Aix, jusqu'à cette pyramide élevée à l'occasion de la naissance du fils de Napoléon.

Ici la route oblique légèrement à gauche et remonte le vallon de l'Huveaune, ruisseau qui prend sa source sur la montagne de la Sainte-Baume, entretient la fraîcheur des arbres et des prés qu'on remarque sur ses rives, et fertilise le territoire entre Marseille et Aubagne, petite ville que nous atteindrons après avoir dépassé les jolis villages ou hameaux de la Capelette, de St-Loup, de la Penne et de St-Marcel. Jetons toutefois auparavant un dernier coup d'œil à notre droite sur Notre-Dame de la Garde, forteresse ayant jadis un titre imposant et du gouvernement de laquelle les joyeux voyageurs Chapelle et Bachaumont, ont fait, il y a deux siècles, une si plaisante description. Vous avez visité ce fort où la dévotion des descendans des Phocéens appelés à la connaissance de la foi chrétienne, a transporté, dans une modeste chapelle, sur la mère du Sauveur le culte que leurs ancêtres rendaient, sur le mont opposé à la Diane d'Éphèse, dans un temple élégant. Du haut de ses remparts vos yeux se sont égarés sur la vaste étendue d'une mer qui reflette l'azur d'un ciel sans nuages; puis fatigué d'un horison sans bornes vous les avez rabaissés sur le château d'If dont l'aspect, semblable au rocher, écueil des matelots qui se plaisent, en l'évitant, de raconter une partie des naufrages qu'il a causés, vous a rappelé les noms des illustres captifs qui ont gémi dans ses épais cachots; vous avez détourné vos regards du fort Saint-Jean, l'un des défenseurs de l'entrée du port, pour chasser de votre esprit le souvenir des meurtres qui ont ensanglanté son enceinte. Les arcades noircies de l'ancien monastère des Accoules, muets accusateurs du vandalisme moderne, vous auront fait réfléchir sur le peu de durée des ouvrages des hommes, et vous auront peut-être conduit à penser qu'un antiquaire viendra quelque jour interroger les ruines de l'Observatoire, du Grand-Théâtre, du Musée, du jardin botanique, aujourd'hui l'orgueil de la grande cité dont le panorama se déroule à vos pieds.

Laissons ces objets de côté, ne nous occupons ni de leur passé ni de leur avenir; respirons l'air embaumé des champs auxquels une pluie récente, en abattant la poussière, a rendu toute leur fraîcheur. Quelle multitude de jolies bastides à droite et à gauche, quelle variété dans leur site et leur construction, l'élégance des unes contraste avec la simplicité des autres, toutes réunissent suivant leur proportion l'utile et l'agréable. Comme ces collines sont pittoresquement découpées, elles forment le premier plan d'une chaîne de montagnes qui s'élèvent en gradins pour remonter jusqu'aux Alpes.

Mais nous entrons à Aubagne. Cette petite ville, ancien Mallus des Albiciens fidèles et courageux alliés des fondateurs de Marseille, avait, du temps des Romains, des établissemens de bains; on y trouve encore quelques fois des traces du séjour qu'y ont fait les maîtres du monde. La grande route en traverse une partie et ce que l'on entrevoit fait regretter de ne pouvoir s'y arrêter, ne fut ce que pour visiter l'humble toit sous lequel est né l'immortel auteur du *Voyage du jeune Anacharsis*. Les ruines de son ancien château, que vous appercevez sur cette hauteur, annoncent l'importance qu'il avait autrefois; la vieille ville touchait aux remparts et la muraille qui l'entourait alors se rattachait à celles de la forteresse plus ancienne toutefois que l'église paroissiale dont la fondation date de 1164. Mais les chevaux de la diligence nous entraînent avec rapidité, ils rallentiront leur course après avoir dépassé la jonction de la grande route d'Aix à Toulon, et que nous aurons laissé à une petite distance sur notre gauche le délicieux village de Géménos et sa campagne couverte de jardins, de vergers, de bosquets, ses avenues formées par plusieurs allées d'arbres majestueux qui conduisent à la belle propriété de la famille d'Albertas, dont le parc, un jour de fête nationale, le 15 juillet 1790, fut souillé par l'assassinat du chef de cette illustre maison.

Le postillon met pied à terre, nous allons lentement gravir une côte longue et rapide en suivant les contours d'une montagne boisée du sommet de laquelle nous appercevrons, comme dans un entonnoir, le village de Cuges. Nous pourrons y prendre quelques rafraîchissemens. Avant le XVIe siècle le bassin de Cuges, que votre œil embrasse en son entier, n'était qu'un vaste lac formé par les ruisseaux qui sortent des hauteurs voisines. On est parvenu à le dessécher en creusant, en multipliant des fossés qui conduisent les eaux dans les scissures des rochers qui l'enclosent au midi, et où elles se perdent comme dans un abime. A la suite de longues pluies ou d'un orage violent ces scissures ne suffisant pas pour engouffrer les torrens qui en résultent, l'eau se répand sur tout le territoire, s'élève et couvre la grande route de manière à offrir du danger à l'imprudent qui s'y hazarde. Cuges est un village moderne comme vous voyez, il est bâti en forme de croix et ne consiste, à proprement parler, qu'en deux rues qui se coupent perpendiculairement, celle qui sert de grande route est beaucoup trop étroite. Il est vrai qu'à l'époque ou les Cugens désertèrent leurs anciennes demeures situées sur la colline dite de Sainte-Croix où l'on voit encore les ruines d'un château fort et des murailles qui ceignaient le village, l'usage des voitures n'était pas commun; la communication de Marseille à Toulon avait lieu alors par Aix à Brignoles.

Nous allons maintenant, par une route dont les sinuosités adoucissent la rapidité de la pente, arriver au dessus de cette montagne qui semble nous barrer le passage. Quand nous serons parvenus sur le plateau, pendant l'espace d'à peu près une lieue, nos regards confondront les flots de la Méditerranée avec la voûte d'azur qui au midi, bornera notre horison, tandis que sur notre gauche surgira la montagne de la Sainte-Baume. Au pied d'un rocher qui apparaît comme un pilier isolé, sur lequel la dévotion des fidèles avait placé une statue de la Magdelaine, je vous ferai remarquer une petite chapelle dont la blanche construction brille d'un vif éclat au milieu de la sombre verdure des broussailles qui tapissent la crête de la montagne de la Sainte-Baume ; cette chapelle récemment bâtie est érigée sur l'emplacement qu'occupait celle dont la restauration, commencée en 1647 par l'épouse de Frédéric Maurice de la Tour d'Auvergne, prince de Sédan, ne fut terminée qu'en 1686 par le cardinal de Bouillon son fils.

Le grand bâtiment devant lequel nous passons est une caserne de gendarmerie, il fait la limite du département du Var où nous entrons. Il a été construit pour la sûreté des voyageurs qui, dans les abords de ce lieu, étaient fréquemment dévalisés par des brigands dont les repaires et la retraite étaient protégés par les bois environnans plus fourrés qu'ils ne le sont aujourd'hui.

Le village que nous laisserons à notre droite, après avoir franchi ce vallon presque sauvage, et qui est adossé à l'Est d'une façon si pittoresque à la partie supérieure de la montagne, se nomme la Cadière. Il a été bâti, dit-on, par les habitans échappés à la destruction de Tauroentum. Cette commune dont la population devint considérable, était défendue par une triple enceinte de fortes murailles et par un grand château flanqué de tours qui a été démoli au commencement du siècle dernier. La grande route traversait alors la Cadière, c'était un lieu d'étape. La construction de son église paroissiale, dans le style gothique, est attribuée aux Templiers.

Nous voici au Beausset, village chef-lieu de canton, dont le nom, on pourrait le dire sans trop forcer l'étymologie, est dérivé de sa belle situation dominant un riche vignoble et des champs fertiles. L'industrie des habitans, qui ne se livrent pas exclusivement à l'agriculture, se porte sur la fabrication de la poterie commune.

Préparez-vous au passage des Vaux d'Ollioules, rien n'est plus propre que ce vallon à donner une idée du fameux pas des Thermopyles. Remarquez, entassés sur la base granitique de la chaîne littorale qui commence aux rives du Var et s'étend jusqu'aux rives du Rhône, ces bancs immenses de calcaire, ces rocs inaccessibles qui servent en quelque sorte de murailles au défilé tortueux que remplissent le grand chemin et le lit inégal du torrent dont la fureur à la suite des orages est signalée par la présence de ces énormes blocs qui l'encombrent. Levez la tête sans redouter d'être écrasé par ces rochers anguleux dont l'inclinaison semble présager la chûte: nul arbrisseau, nulle verdure n'en voile l'aspérité, mais depuis des siècles ils sont ainsi suspendus, et sur le sommet de leur tête pelée l'on apperçoit quelques restes de tours et d'habitations dont la main d'un autre âge a posé les fondemens. Voyez au sommet de ce pic inexpugnable l'antique et imposant château d'Evènos, entouré de maisons entretenues avec soin où dorment, insoucieux, de paisibles villageois sans se douter que le terrain volcanique sur lequel elles sont assises pourrait, au moment où l'on y pensera le moins, s'entrouvrir de nouveau, et vomir la lave et la basalte semblable à celle qui a servi à édifier les murs qui soutiennent le toit sous lequel ils reposent. Sur le versant nord-ouest du pic d'Evènos, dit la montagne de Kaoumi, existe une grotte dans laquelle ont pénètré par une ouverture très étroite. Il ne faut pas moins de quatre heures dit M. N... dans sa statistique du département du Var, pour parcourir cette cavité, dont le sol est de différens niveaux et présente une surface de plus de trois cent mètres; elle est toute resplendissante de stalactites et de stalagmites, plusieurs sont d'une grosseur extraordinaire; au milieu est une source d'eau pure et limpide sortant de terre dans une conque admirable, de 33 centimètres de diamètre, formée insensiblement par les concrétions sédimenteuses de l'eau même. En contemplant les formes variées qu'offrent à chaque instant ces pics dentelés par le temps, on parvient au bout du défilé, sans s'appercevoir que son étendue est d'environ quatre kilomètres; cette petite chaîne de rochers de grès blancs dont toutes les sommités arrondies ressemblent de loin à des œufs ou à des boules amoncelées, nous annonce le développement d'un autre paysage.

Le bourg d'Ollioules, chef-lieu de canton, se présente à nos yeux. Dans ses jardins qui bordent la route, l'oranger au vert branchage, chargé de fleurs et de fruits, le cédrat, le citronier, le myrthe, le laurier y croissent à plein vent. Le grenadier voit mûrir ses pommes couronnées, le figuier donne en abondance ses poires sucrées; la pente des côteaux est couverte de vignes et de moissons, et c'est à l'extension de la culture de l'arbre consacré à la paix que ce bourg doit son nom. Au dessous des débris de cet antique château, dont les pans de murailles d'une énorme épaisseur, dont des restes de tours encore imposantes qui ont bravé les efforts des démolisseurs, rappellent et la grandeur et la puissance des manoirs féodaux, de jolies maisons, des magasins bien fournis, une vaste place ombragée par de beaux arbres, ornée d'une fontaine dont la gerbe retombe en cascade dans un bassin circulaire, donnent à ce bourg l'apparence d'une petite ville. Après avoir franchi le pont jeté sur le torrent de la Rêpe qui baigne les murs des maisons que nous avons à notre gauche, nous parvenons au dessus d'une petite colline d'où le coup d'œil est magnifique. Remarquez à votre droite, perchée comme un nid d'aigle sur le sommet d'un monticule de forme conique, la commune de Six-Fours : c'était jadis une ville close défendue par de fortes murailles et par un château non moins bien fortifié. De son ancienne splendeur, Six-Fours ne conserve plus qu'une porte d'entrée en forme d'arc du côté du midi, deux ou trois colonnes fort dégradées, restes d'un édifice public, son église gothique desservie avant 1789 par des chanoines, et un amas de ruines autour de la chapelle encore debout dans l'enceinte du château. C'est dans ce village que les habitans abandonnent chaque jour pour se fixer dans la plaine, que l'auteur des mémoires d'un Marin de la Garde a fait naître son héros imaginaire.

Devant vous, quels admirables points de vue ! la rade de Toulon se déploie en son entier, les vertes collines qui la bornent au midi sont animées par diverses constructions; vous pouvez d'ici distinguer sur la pointe la plus élevée du cap Sicié la chapelle dédiée à la vierge par la reconnaissance et la piété des marins, plus loin sur le cap Cepet le sémaphore et la pyramide en style Égyptien sous laquelle reposent les cendres du vice-amiral Latouche Tréville; vous appercevez le goulet par lequel la rade communique avec la grande mer, le fort la Malgue et la Grosse Tour qui en défendent l'entrée; vous verrez ces objets de plus près quand sur une légère embarcation vous vous promènerez sur ses flots paisibles. Voyez comme le territoire qui nous reste à parcourir est embelli par cette multitude de bastides, de maisons de campagnes, qui rivalisent à l'envi de fraîcheur et d'agrément.

votre gauche, ce vieux bâtiment à mi-côte d'une colline nommée des Arènes, a appartenu aux Templiers, c'est une faible portion de leur fort château de l'Escalion dont, pour les en chasser, lors de la proscription de tout l'ordre en 1307, il fallut faire le siège. A l'extrémité de la colline des Arènes fut élevée en 1793 une redoute dite de la Convention, où l'armée républicaine établit une batterie pour riposter aux canons du fort Malbosquet que vous voyez à votre droite et sous lequel nous allons passer après avoir traversé, sur un pont de pierre, le lit creusé en 1670 sous la direction du célèbre Vauban, pour la dérivation des eaux de la rivière de Las. Cette rivière torrentielle prend sa source au fond de cette vallée resserrée dont l'entrée est dominée par le fort Saint-Antoine et le fort Rouge qui apparaissent à votre gauche; elle sort au pied d'un mamelon détaché de montagnes plus élevées sur lequel est bâti en amphithéâtre le village du Revest où nous irons quelque jour visiter la tour carrée, de 13 à 14 mètres d'élévation, dont la solidité a résisté aux injures du temps. Sa construction, au milieu d'une enceinte de murs épais dont les fondations sont à découvert, remonte à une très haute antiquité, ce sera une promenade agréable dans une vallée fertilisée par des eaux abondantes, et vivifiées par un grand nombre d'usines que ces eaux alimentent. Cette maisonnette qui se trouve à l'angle formé par l'embranchement du chemin vicinal de Toulon à la petite ville de la Seyne, était jadis une chapelle dédiée à Notre Dame de Bon Rencontre. Quelle métamorphose! C'est actuellement un cabaret, une guinguette, où des chansons grossières remplacent les pieux cantiques que des voix innocentes adressaient à la protectrice des voyageurs.

La voiture s'arrête : voici mon modeste manoir; votre chambre est préparée, vous partagerez le repas de famille. Dans la soirée et pendant que sur le canapé de rigueur vous vous délasserez des cahos du voyage vous pourrez prendre, dans un manuscrit de ma composition, une idée sommaire de l'histoire de la ville que demain nous commencerons à explorer dans tous ses détails. La première partie de ce manuscrit vous reportera à l'origine de Toulon et vous conduira jusqu'a l'époque de la réunion de la Provence à la couronne de France. L'histoire des grands événemens postérieurs à cette époque, aux quels Toulon a pris une part active, jusqu'à nos jours, est consignée dans la seconde partie ; vous pourrez vous dispenser de la lire, parce qu'elle se confond naturellement avec l'histoire de notre patrie commune, et que, comme moi, vous avez parcouru cette multitude d'histoires générales et particulières, cette foule de mémoires, de notices où rien n'est omis, mais où ne règne pas toujours cet esprit d'impartialité qui doit guider la plume d'un écrivain consciencieux.

RÉSUMÉ
DE L'HISTOIRE DE TOULON

DEPUIS LE COMMENCEMENT DU PREMIER SIÈCLE JUSQU'EN 1481.

A l'inspection du vaste bassin qui forme la rade, si belle et si sûre, de la ville de Toulon, on ne peut douter que ses bords n'aient été fréquentés par les premiers navigateurs, que des familles de pêcheurs ne se soient établies sur son rivage. Les montagnes pelées qui la mettent à l'abri des vents du nord, étaient boisées alors et fournissaient abondamment les matériaux nécessaires à la construction des navires et aux autres besoins des habitans; des eaux limpides arrosent et fertilisent le territoire qui l'environne.

A quelle époque ces familles se sont elles agglomérées sur un seul point pour s'entr'aider et se défendre mutuellement contre un ennemi étranger? C'est ce que l'histoire n'apprend pas. A défaut de pièces propres à fortifier les conjectures, il faut presque s'en rapporter à la tradition, mais c'est avec défiance que l'on doit prêter l'oreille à sa voix; souvent cette voix altère ou dénature les faits, confond les dates, tronque les noms, et adopte sans réflexion tout ce qui excite son admiration ou son effroi. Que l'on interroge un habitant d'un pays quelconque, il ne sera pas exempt de cet amour-propre qui, dominant dans le cœur de tous les hommes, le porte à tirer vanité des circonstances qui lui sont le plus étrangères, qui sont le plus indépendantes de ses actes et de sa volonté; il s'enorgueillit de l'antiquité de sa ville comme tel autre d'une longue suite d'aïeux, et de même que celui-ci fonde souvent ses prétentions sur des titres fort équivoques, de même le premier s'enivre de récits fabuleux et les débite comme des vérités incontestables.

Dans le travail que nous entreprenons, nous ne nous attacherons, autant que possible, qu'aux événemens qui regardent spécialement la ville qui nous occupe. Nous aurons recours aux historiens de Provence pour les faits dont nous ne pouvons trouver des traces que dans eurs écrits, nous en puiserons d'autres dans un vieux manuscrit cité comme un oracle, même par des écrivains modernes, nous n'invoquerons toutefois son témoignage qu'avec réserve parce que son authenticité nous paraît plus que problématique et que d'ailleurs nous en avons fait paraître une succincte analyse; mais, à dater du XIIIe siècle, tout ce que nous rapporterons sera appuyé sur des titres originaux conservés dans les archives de la ville.

Humble dans son origine, hameau, village ou bourgade, Toulon, suivant une tradition avouée par tous les historiens de Provence, doit au moins sa civilisation aux Phocéens. Une de leurs colonies, soit qu'elle fût partie directement du pays natal, soit qu'elle se fût détachée de celle de Marseille, y importa ses dieux et ses loix, et donna au magistrat, à qui elle confia l'administration judiciaire et civile, le nom grec d'*Episcopos*.

Le nom d'Episcopos, depuis l'introduction du christianisme dans les Gaules, attribué exclusivement au prélat, chef d'un diocèse, a fait croire que dès le premier siècle il y avait un évêque à Toulon. Cléon, qu'une pieuse tradition, plus crédule qu'éclairée, fait compagnon de Lazare et de Magdelaine jetés sur les côtes de Provence l'an 47 de J. C. est, dit-on, le premier qui prêcha la foi à Toulon et en fut le premier évêque; il eut pour successeur Gratien Ier si l'on en croit un martyrologe manuscrit cité comme existant à Venise par les auteurs de la *Bibliothèque sacrée*, et si l'on s'en rapporte au récit consigné dans un vieux manuscrit des archives de la ville, où il est fait mention de son martyre ainsi que de celui d'Eugène au commencement du deuxième siècle, lorsque les légions Romaines se déchirant entre elles pour assurer l'empire à tel ou tel compétiteur, désolèrent la Provence (1). On ne peut malheureusement ajouter que très peu de croyance à ce manuscrit, quand on sait que ce

---

(1) La granda et antiqua ciutat d'Arles, et la richa Marselha, lou noble Ays, l'abundant Tarascon, Ambe lou mercadant, Toulon feuron ruinat sacageat en toutalla destruction.

n'est que vers l'an 250 qu'apparurent Trophime à Arles, Paul à Narbonne, Saturnin à Toulouse.

Favorisées par Constantin qui venait de faire une profession publique du christianisme (an de J. C. 311), les églises jouissaient d'une paix profonde lorsque les évêques et le clergé de la Narbonnaise se réunirent à Arles en concile, en 314. Parmi les souscripteurs de ce premier concile d'Arles on trouve les évêques de Vienne, de Vaison, d'Orange, d'Arles, de Marseille, des prêtres de ces mêmes cités et des villes d'Apt et de Nice. Pourquoi le nom d'aucun ecclésiastique de Toulon, de Grasse, de Fréjus, de Vence n'y figure-t-il pas? C'est qu'ainsi que la conquête militaire, les doctrines chrétiennes ne pénétrèrent que plus tard dans la partie Est et montagneuse de la basse Provence. Toulon existait cependant, car dans le siècle suivant l'histoire fait mention de sa teinturerie impériale qui était signalée par son importance et les riches productions de sa fabrique dues à l'abondance du murex, aussi commun alors dans sa rade qu'il y est rare aujourd'hui, et à la qualité de ses eaux douces extrêmement favorables à la teinture.

Les Romains donc, en se frayant un passage non loin du littoral pour rentrer en Italie par le Piémont s'étant, suivant leur usage, rendus maîtres des lieux où ils portaient leurs armes, laissèrent une colonie qui vivifia Toulon et y introduisirent, comme dans les autres villes qu'ils occupaient déjà, leurs lois et leurs usages; ils n'y fondèrent cependant aucun de ces grands établissemens monumentaux dont la solidité a survécu à la marche destructive du temps, preuve, selon nous, de leur court séjour dans un port si propre à fixer leur attention. La tradition n'y conserve le souvenir que d'une tour dont la construction leur était attribuée et dont nous avons désigné la position dans un précédent mémoire. Ces Romains si célèbres par leurs conquêtes le furent peut-être davantage par la sagesse de leurs loix. Le joug qu'ils imposèrent par la force des armes fut l'effet de la contrainte et de la violence; celui de leurs loix, les peuples l'ont porté volontairement, les provençaux les adoptèrent avec reconnaissance et ce sont elles qui ont été jusqu'à nos jours, la base du droit public dans leur province sans rien oter de leur puissance aux statuts des comtes, aux coutumes générales et particulières du pays et des villes, aux privilèges, franchises, libertés, immunimités accordées par le souverain; mais c'est après avoir rapporté ce que nous avons pu recueillir de moins incertain sur l'histoire particulière de Toulon jusqu'à la fin du douzième siècle que nous entreprendrons de faire connaître le régime municipal de cette intéressante cité.

Dans le cinquième siècle l'existence positive de l'évêché de Toulon ne peut être déniée : Honoré, qui l'occupait et qui doit en être considéré comme le premier prélat, est un des signataires de la lettre écrite au pape Léon 1er par les évêques des Gaules en 451. Vers 481, Gratien, successeur d'Honoré, fut victime de son zèle à combattre l'hérésie des Ariens que protégeait Euric, roi des Visigoths. La cité de Toulon, que Tolomnus, général de Théodoric roi des Ostrogoths, avait contribué à réédifier quarante ans auparavant, eut beaucoup à souffrir de l'invasion de ces barbares (1).

Quelques années après, les Francs pénétrèrent en Provence, sous le règne de Clovis. Ce prince, à la suite de plusieurs combats entremêlés de succès et de revers, s'assura la possession de la province par un traité avec Vitigés ; elle passa après lui dans les mains de ses fils et fit partie du royaume de Bourgogne. Saint-Cyprien, disciple de Saint-Césaire, archevêque d'Arles, fut élevé à l'épiscopat par ce prélat et vint régir le diocèse de Toulon vers l'an 516. Ce pontife, dont la mémoire est en grande vé-

---

(1) Ne serait-ce pas de ce Tolumnus dont le nom corrompu Tolenus se lit dans le vieux manuscrit aux archives, plutôt que de Telomartius ou de Telonium, que Toulon tire son nom ? L'étymologie s'en rapproche mieux, même consonnance dans la première syllabe, même rapport dans la déclinaison. Tolumnus et Tolonum sont de la deuxième, Telo est de la troisième. On trouve sur les sceaux, dans les actes, Tolonum, Toloni, Tolono, jamais on n'y voit Telo, Teloni, Telonem, Telone.

Telo Martius dont ne parlent ni Strabon, ni Pline, nommé pour la première fois dans l'itinéraire d'Antonin, est passé sous silence dans la notice de l'empire faite sous Honorius. Les auteurs varient sur la position de Telo Martius ou de Telonium. Celle de Toulon est de nature à ne permettre aucune variation.

nération à Toulon, assista au concile d'Arles en 524, à ceux de Vaison et d'Orange en 529, à celui d'Orléans en 541. On est incertain sur l'année de sa mort, mais Palladius, son successeur, était un des pères du concile d'Orléans en 549 et se fit représenter par un député au concile d'Arles en 554. Les conciles étaient fréquens dans ces temps là, Désidérius, (Didier) qui vint après Palladius, fut un des souscripteurs du 4ᵉ concile de Paris en 573, et envoya des députés à celui de Mâcon en 585.

Memnas était évêque de Toulon au commencement du VIIᵉ siècle. Après lui la liste des évêques est interrompue, il est à croire, quoique l'on trouve le nom de Taurinus, diacre de l'église de Toulon, parmi celui des députés d'un concile des Gaules, au concile tenu à Rome en 680, que le siége épiscopal de Toulon est demeuré vacant pendant plus de deux siècles (1).

Les enfans dégénérés de Clovis tenaient d'une main peu assurée les rênes de l'état partagé entre plusieurs souverains. Pendant leurs dissentions intestines les Sarrasins firent de fréquentes invasions en Provence, et s'y établirent. Quelques lieux élevés, fortifiés moins par l'art que par la nature, servaient de

---

(1) MM. de Sainte-Marthe mettent toutefois au nombre de évêques de Toulon un Léon qui vivait en 804; les auteurs de la Bibliothèque Sacrée ne l'admettent point dans la série de prélats de ce diocèse.

repaire à ces cruels ennemis qui ne connaissaient d'autre manière de réduire un pays, que le massacre des habitans, l'incendie et la destruction des villes et des propriétés.

Quelques cités recommandables par leur position échappèrent à une destruction totale, Toulon fut de ce nombre; son sort n'en fut pas plus heureux, lorsqu'en 739 Charles Martel porta ses armes en Provence. Les Sarrasins, qui occupaient Toulon, opposèrent une certaine résistance au vainqueur, et la ville fut à peu près détruite. Il fallut songer à la rebatir, à la peupler. Charlemagne, pour y attirer des habitans, lui donna en 776 de grands et précieux priviléges; il la constitua en commune dont le gouvernement, la garde et la défense étaient confiés à des magistrats élus par les citoyens, il lui accorda des franchises et des immunités considérables, si l'on peut ajouter foi aux actes dont la teneur est couchée dans le vieux manuscrit déjà cité. Mais il faut l'avouer ces actes ne supportent pas l'examen d'une critique éclairée.

Si Charlemagne fut doué d'un génie capable de faire respecter son autorité et de maintenir sous sa domination les peuples divers qui composaient son vaste empire, il n'en fut pas de même de ses enfans, son riche héritage fut demembré et ne put être conservé par ses faibles successeurs. Charles-le-Chauve, légua la Provence à Louis-le-Bègue, elle fut disputée à ce prince par Boson que Charles-le-Chauve, son beau-frère, avait créé duc de Milan, l'usurpation de Boson fut sanctionnée et il fut fait gouverneur de Provence.

Au concile ou assemblée de Mantaille (1) en 879, il fut couronné et reconnu roi d'Arles par les grands et les évêques réunis ; parmi ces derniers on cite comme ayant pris part à l'élection de Boson, Eustorge, évêque de Toulon. Amsode, un des successeurs de ce prélat, assista en 899 au sacre de Raimfroi archevêque de Vienne.

Boson meurt en janvier 888, laissant ses états à Louis, son fils, âgé seulement de 8 ans, que sa mère fit reconnaître, non sans opposition, et sacrer à Valence en 890. Les États d'Italie, excités par le pape, élisent pour roi le jeune Louis en 890, il passe dans ses nouveaux états en 900 pour défendre ses droits contre Bérenger qu'il supplantait : après l'avoir battu deux fois et s'être fait couronner empereur à Rome, il fut surpris dans Vérone par son rival ; celui-ci lui fit crever les yeux l'an 905 et le renvoya en Provence où il mourut en 923. Son fils, Charles Constantin, relégué dans le comté patrimonial de Vienne n'exerça aucune autorité

---

(2) Ville située sur la rive orientale du Rhône entre Vienne et Valence, brulée en 1402.

Suivant des auteurs modernes ce n'est pas à Mantaille que se tint cette assemblée, mais à Mantale (Mantala) près de Saint-Pierre d'Albigny, dans un lieu qui conserve encore le nom de Bourg Evescal.

en Provence ; Louis, pendant la longue cécité qui précéda sa mort, avait dû la confier à Hugues, son ministre, qui par faiblesse ou trahison laissa, au décès de son maître, Boson, son gendre, s'emparer du comté d'Arles et s'y maintenir comme souverain. Ce Boson était fils d'un Rotbold ou Rodolphe prince Bourguignon, il transmit en mourant son héritage à son fils qui porta le nom de Rosbold II, de celui-ci naquît Boson II, regardé par tous les historiens comme le premier comte de Provence. A sa mort, arrivée en 968, il partagea ses états entre ses deux enfans : à Guillaume, l'aîné, avec le titre de comte de Provence, il assigna la basse Provence, qui se compose de tout le pays compris entre le Rhône, la Durance, le Var et la mer. La haute Provence bornée par le Rhône, l'Isère, les Alpes et la Durance, fut le partage de Rotbold, son second fils, avec le titre de comte de Forcalquier. Cette division de la Provence en deux comtés sous deux souverains distincts subsista, ainsi que nous le dirons plus bas, jusqu'au commencement du XIIIe siècle.

Sous le règne de Boson II, les Maures s'étaient rendus redoutables dans leur fort du Fraxinet qui servait en même temps de retraite aux brigands de la Provence et des lieux circonvoisins; un des premiers soins de Guillaume en succédant à son père, fût de faire des préparatifs pour les chasser du pays. A mesure qu'il avançait sur eux, qu'il les forçait de reculer, il prenait des précautions contre des revers en s'assurant de points de retraite. C'est ainsi qu'il rétablit et fit fortifier Toulon; qu'il fit bâtir ou réparer les forteresses sur son passage, entr'autres les châteaux de Dardennes, de Solliès, d'Hyères et plusieurs autres, et que parvenu à les refouler dans les montagnes appelées encore montagnes des Maures, il les attaqua avec une nouvelle ardeur, massacra tous ceux qui ne voulurent point se soumettre à embrasser la religion chrétienne, et rasa le fort jusqu'alors inexpugnable du Fraxinet; ce grand événement eut lieu en 972. Au retour de cette glorieuse campagne, Guillaume fit, entre les seigneurs qui l'avaient accompagné et secondé, le partage des contrées soustraites ainsi au joug des Africains. La ville de Toulon et une grande partie du territoire de son diocèse fut la récompense de Guillaume Ier vicomte de Marseille. Toulon s'agrandit, se repeupla et ses champs recommencèrent à être cultivés. Guillaume, comte de Provence, mourut en 992, et, suivant l'esprit du temps, sous un habit de moine. Les Comtes qui lui succédèrent furent des princes religieux ou superstitieux qui ne se sont fait connaitre que par leurs largesses envers le clergé et leur munificence à bâtir et doter des églises. Guillaume III fit ériger en 1022, au pied de la montagne de Cepet, une Chapelle en l'honneur de Saint-Mandrier (1), disciple de Saint-Cyprien. L'édifi-

---

(1) Il nous paraît douteux que cet édifice ait été construit

cation, ou la reconstruction de l'église cathédrale sous le vocable de *Maria de Sede* est ordonnée par le comte Gilbert pendant son séjour à Toulon, en 1096, avec Tiburge sa femme (1).

Soit jalousie de la part des seigneurs particuliers entre eux, soit faiblesse ou indifférence du côté des comtes de Provence, de la maison de Barcelone (2) dont la suzeraineté était souvent contestée et méconnue, qui d'ailleurs eurent des guerres longues et meurtrières à soutenir contre les comtes de Toulouse, dans l'une desquelles Bérenger-Raymond, fils de Raymond-Bérenger Ier, comte de la famille des princes de Barcelone, fut tué dans le port de Melgueil en 1144 (3), il régna pendant le douzième siè-

---

par l'ordre et des deniers du prince. La cité de Toulon y contribua au moins en grande partie, puisque ses armoiries étaient sculptées sur deux pierres d'égale hauteur au-dessus de la porte d'entrée. L'existence de ces deux pierres, fut constatée en 1571 par procès-verbal de notaire Jehan Tassy, sous le viguierat de Raimond Giraut, à la requête de Jacques Pavès, second consul. (Archives de Toulon, etc.)

(1) Nous ne répéterons pas ici les motifs que nous avons pour penser que l'acte qui fait honneur à Gilbert de cette fondation est un acte supposé, nous les avons longuement exposés ailleurs.

(2) Raymond-Bérenger, comte de Barcelonne, avait épousé Douce, seconde fille du comte Gilbert, il hérita avec elle du comté de Provence.

(3) Melgueil, aujourd'hui Manguio, petite ville sur l'étang de Thau, département de l'Hérault.

Raimond-Bérenger III, qui figure parmi les comtes de Provence, quoiqu'il ne fut à proprement parler que lieutenant-général de son frère Idelfonse ou Alphonse, qui lui en avait cle peu d'ensemble entre les comtes et les seigneurs, pour mettre le pays à l'abri des incursions des barbares. Les Turcs et les Maures faisaient de fréquentes descentes sur les côtes, et ces descentes étaient suivies de la destruction des cités, du pillage, du massacre, ou de la captivité des habitans. Toulon en fit deux fois la triste épreuve.

Au mois de juillet 1178 une armée turque débarqua au port des Ganguis et vint par terre attaquer la ville tandis que le surplus de la flotte la menaçait par mer ; la résistance fut vigoureuse, mais il fallut céder à la surprise et au nombre, la ville fut saccagée, ruinée, incendiée, les habitans périrent par le fer ou la flamme, trois cents d'entre eux furent emmenés en captivité. Le seigneur de Toulon, Hugues Geoffroi et son neveu furent du nombre des captifs.

En 1197, nouvelle descente de Turcs et de Sarrassins, nouveau sac de la ville, nouveaux malheurs des habitans, il n'échappa au désastre que ceux qui s'étaient réfugiés dans les tours dites des Romains, des Phocéens, du Portal-Saint-Vincent.

L'absence presque continuelle des Comtes de la famille de Barcelone de leurs états de Provence nécessita la création des grands sénéchaux qui exerçaient en leur nom l'autorité

---

confié le gouvernement, fut tué au siège de Montpellier en 1181.

souveraine; les actes émanés de ces grands dignitaires devaient cependant être revêtus de l'approbation du Comte pour avoir force de loi.

Le premier grand sénéchal, dont le nom est cité par les historiens, est Guillaume de Raymondis qui en remplissait la charge en 1150; cette charge ou plutôt cette commission n'était point à vie, car de 1150 à 1300 vingt-sept personnages s'y sont succédé.

Nous abordons enfin le treizième siècle, nous sommes parvenus au terme des conjectures et de ce dont la tradition seule a pour ainsi dire conservé le souvenir.

En parlant de l'administration de la cité, des lois et des usages qui la régissaient, nous remplirons le but principal de cette notice, et ce que nous rapporterons sera justifié par pièces authentiques.

Ildephonse ou Alphonse II, comte de Barcelone, était gouverneur de Provence depuis 1185. A la mort de son père, arrivée en 1196, il lui succéda dans son comté de Provence; marié en 1193 à Garsende de Sabran, petite fille et unique héritière de Guillaume IV, comte de Forcalquier, il réunit à la mort de celui-ci le comté de Forcalquier à celui de Provence. Depuis cette époque les deux comtés, tout en conservant leur nom distinct ont été possédés par les comtes de Provence et leurs successeurs les rois de France. Ce fut sous le règne d'Alfonse II, qu'en 1201 fut découvert, en creusant les fondations d'un mur du jardin de l'évêché, le cercueil qui renfermait les dépouilles mortelles de Saint-Cyprien. Dans le procès verbal de la translation qui en fut faite, et dont copie est déposée aux archives, on trouve que cet illustre prélat était de la famille des Montolieu, de Marseille. Ildephonse mourut en 1209, ne laissant qu'un fils en bas-âge, sa veuve prit les rennes du gouvernement pendant la minorité de ce fils, nommé Raymond-Bérenger, et les conserva jusqu'en 1220. Raymond-Bérenger, après avoir régi la Provence par lui même ou par ses sénéchaux, décéda le 19 août 1245, sans postérité masculine. Sa fille aînée, Marguerite, était mariée depuis 1236 à Louis IX, roi de France; sa cadette, Béatrix, héritière du comté de Provence, le fit passer dans la maison de France en épousant, au mois de janvier 1246, Charles, comte d'Anjou, frère de Saint-Louis.

Tout en étant le domaine d'un seigneur particulier, Toulon n'en comptait pas moins parmi les villes de Provence, ses habitans étaient soumis aux lois générales qui régissaient le pays, et c'était à l'autorité du Comte qu'ils avaient recours pour obtenir qu'on y dérogeât en leur faveur, en leur accordant certains priviléges. C'est ainsi qu'en 1231 ils obtinrent du Comte Raymond Bérenger le privilége de n'être portés sur le rôle des tailles qu'à Toulon, même pour les propriétés qu'ils possédaient sur un autre territoire. (1) Ils avaient grand soin de se

---

(1) Ce privilége, accordé par Raymond, confirmé par René

prévaloir de ceux qui leur avaient été concédés par leur seigneur immédiat, pour en obtenir le maintien de la part du Comte, tel que celui qui interdisait l'entrée, dans leur ville et son territoire, des raisins et vins étrangers que Sybille, Dame de Toulon, leur avait octroyé, en héritant de son père, vers 1240, par un acte confirmé par lettres-patentes de Charles II, en 1292. C'était à la décision du juge établi par le prince qu'ils appelaient des jugemens du bailly-seigneurial et dans son greffe, qu'ils faisaient conserver les sentences arbitrales, comme celle rendue, en 1235, par l'évêque Raymond de Saint-Jal, sur la limitation des territoires de Toulon et d'Ollioules.

Charles Ier, en 1248, accompagna Louis IX dans sa première et malheureuse croisade; fait prisonnier à la sanglante bataille de Massoure (5 avril 1250) et rendu un mois après à la liberté au prix d'une forte rançon, il laissa son frère porter les armes dans la Palestine et revient en France. Il s'éloigne de nouveau de ses états, en 1252, pour secourir Marguerite de Flandres, et n'y rentre qu'en 1257, afin de réduire Marseille à son obéissance, et forcer cette ville, qui s'était érigée en république, à le reconnaître pour souverain. Pendant son absence, Louis IX, au retour de son expédition débarque à Hyères, fait quelque séjour en cette ville,

---

en 1671, et à la fin du XVe siècle par les rois de France Henri III et Henri IV, acte révoqué en 1618 (Morgues, *Statuts de Provence*).

en visite les environs; on peut supposer qu'il honora Toulon de sa présence, quoique son fidèle historien, le sire de Joinville, n'en fasse pas mention, mais on ne peut admettre, comme il est relaté dans le vieux manuscrit, que ce monarque ait donné des ordres pour faire réparer les fortifications de cette ville. Toulon appartenait encore en toute seigneurie à Sybille, fille de feu Geoffroi, seigneur de Tretz et de Toulon, c'est ainsi qu'elle se qualifie dans son testament du 14 août 1261, par lequel elle lègue Toulon et son territoire au comte Charles I, le château de Revest et ses dépendances aux chartreux de Mont-Rieux, et deux livres de rente au chapitre et clergé de l'église cathédrale de Toulon.

Nous ne suivrons pas le comte Charles Ier dans ses guerres en Italie pour s'assurer de la couronne de Sicile qu'il reçut des mains du pape Urbain, en 1267 : nous passerons sous silence et l'assassinat juridique de Conradin (1) et l'acquisition du titre de roi de Jérusalem faite par Charles, en 1276, moyennant une pension de 4,000 livres en faveur de l'héritier du dernier titulaire, et l'épouvantable massacre des Français et Provençaux qui l'avaient accompagné dans ses expéditions, massacre connu sous le nom de Vêpres Siciliennes (2); ces évènemens

---

(1) Ce prince, dernier rejeton de la famille de Souabe, n'avait que 18 ans lorsqu'il fut, ainsi que son cousin Frédéric, condamné à avoir la tête tranchée, ce qui fut exécuté à Naples le 28 octobre 1268 (*Essai historique sur la puissance temporelle des papes*).

(2) Qui eut lieu le jour de Pâques, 29 mars 1282.

auxquels Toulon dût néanmoins prendre part en sacrifiant des hommes et de l'argent, appartiennent à l'histoire générale de la Provence. Nous remarquerons seulement que Charles, courbé sous le faix d'entreprises étrangères en quelque sorte aux vrais intérêts du comté, n'a pu s'occuper que médiocrement du bien-être particulier des cités, aussi n'existe-t-il dans les archives aucun acte émané de ce prince.

Charles Ier mourut à Foggia dans la Pouille le 7 janvier 1285. Son fils et son successeur, Charles II, dit le Boîteux, était prisonnier du roi d'Aragon et ne fut rendu à la liberté que deux ans après. Cependant Marie de Hongrie sa femme, régente pendant son absence, donna des ordres aux fins de pourvoir à la sûreté du pays, menacé de devenir le théâtre de la guerre. Isnard d'Entrevaux, grand-sénéchal de Provence, enjoignit à la communauté de Toulon, par une ordonnance rendue à Hyères, le 25 septembre 1285, de prendre des mesures pour faire relever les murailles abattues et les fortifications délabrées de leur ville, ruinée par un incendie récent, en leur annonçant qu'il leur était alloué par la Reine une somme de cent livres sur le trésorier des Gabelles pour subvenir aux premiers frais (le montant de ladite somme payable en sel). Cette ordonnance fut communiquée aux habitans réunis en assemblée générale la veille des Kalendes d'octobre même année, et dans ce parlement, il fut délibéré de se conformer sans différer à ce qui était prescrit, et l'on mit un impôt d'un vingtain sur toutes les denrées pendant trois ans, temps nécessaire à la confection des travaux. Les ecclésiastiques comme tous les autres habitans furent assujettis au paiement de cet impôt. Sur le procès-verbal de cette délibération à laquelle assistaient des nobles et des habitans de toutes les classes au nombre d'environ cent-cinquante, dont les noms sont consignés, on trouve celni d'un chevalier d'Amour (1), ceux de dix chefs de familles juives, mais pas un seul nom d'un membre du clergé. On pensait alors avec juste raison que les ecclésiaetiques ne devaient point s'immiscer dans l'administration des affaires temporelles, et ce principe, propagé d'âge en âge dans la cité, a suffi pour tenir éloignés de toutes charges civiles les membres du clergé toulonnais, et pour ne les point admettre à participer à l'élection des fonctionnaires municipaux.

Toulon avant de passer dans le domaine direct des comtes de Provence de la maison d'Anjou et avant le commencement du XIVe siècle, n'avait vis-à-vis de ses seigneurs particuliers et de leur suzerain que cette dépendance féodale qui, dit M. Raynouard, peut très bien s'allier avec la liberté des personnes; ses habitans, pour se maintenir dans l'exercice de certains droits, avaient fait alliance, en 1228, avec Marseille, Arles, Nice et les républiques d'Italie. (2)

---

(1) *Dominus Isnardus Fresqueti miles amorosus.*
(1) Cette alliance avait été dissoute en 1259 par la réduction

Cependant cette cité qui, sous la domination des Romains, n'était pas classée parmi les municipes, n'avait point de conseil administratif permanent, point d'officiers municipaux, point de juridiction municipale. Les intérêts généraux de la communauté se discutaient dans une assemblée formée de tous les citoyens réunis avec la permission de l'officier-royal. C'était dans cette assemblée que l'on traitait des affaires et des droits communs, que l'on délibérait sur les mesures à prendre pour les assurer ou les défendre, et que l'on confiait l'exécution des projets adoptés à un syndic; on y faisait, comme dans les municipes, des statuts selon la nature des objets traités, avec cette différence toutefois, que dans les municipes les statuts, pour avoir force de loi, n'avaient besoin que du consentement des habitans, au lieu que dans les simples communautés, il fallait qu'ils fussent sanctionnés par le juge. Ceci est démontré par des actes de 1289-1294-1303, où l'on peut remarquer que les réglemens concernant la manipulation, la vente et le prix du pain, l'abattement des bestiaux et leur débit, la répression de telle ou telle contravention, la conservation de droits utiles, faits par les habitans en assemblée générale, *In publico parlamento*, n'eurent de caractère légal et ne devinrent obligatoires qu'en vertu de l'approbation du juge. *Quibus omnibus dominus judex suum assensum et autoritatem prœstavit.*

---

de Marseille à l'obéissance de Charles Ier ainsi que nous l'avons dit.

En 1303, les frères prêcheurs religieux de l'ordre de saint Dominique, protégés et appelés par Charles II, viennent s'établir à Toulon; avec eux s'introduit l'esprit d'intolérance; on est fondé à le croire, en remarquant que depuis leur arrivée on ne voit plus de juifs participer aux délibérations générales de la communauté. En 1307, les chevaliers du Temple, répandus en Provence, subirent le sort de leurs frères sacrifiés et immolés à la politique ou à la cupidité du roi de France Philippe IV et du pape Clément V. Le comte de Provence n'eut point à rougir de s'être souillé de leur sang, mais son fisc s'enrichit par la confiscation de leurs biens. La maison que les chevaliers possédaient à Toulon fut démolie, et l'enclos qui l'environnait fut donné aux dominicains; il fallut employer la voie des armes pour forcer ces illustres infortunés à abandonner le château de l'Escalion où ils s'étaient retirés, et où ils essayèrent en vain d'opposer quelque résistance à leur entier dépouillement. Les Dominicains ne furent pas toutefois la première congrégation ou confrérie religieuse qui se soit établie à Toulon, l'on trouve dans les archives, cités comme témoins d'actes antérieurs à la venue de ces pères, les frères Aycard Melli et Jean Jordani, de l'ordre des frères pénitens de Jésus-Christ, Charles II mourut le 5 mai 1309 (1). Robert, le troisième de ses fils, lui succéda.

---

(1) Charles avait eu quatorze enfans, Charles l'aîné, surnommé

Cependant Toulon prenait un certain accroissement en étendant ses relations commerciales, pour se procurer à meilleur marché des blés que son territoire peu fertile fournissait à peine pour substanter pendant deux ou trois mois les habitans. Les marchands étrangers y apportaient diverses denrées en échange du sel, du vin, des fruits, de l'huile que produisaient le pays et les environs ; en 1310, on forma une espèce de port, touchant presque aux maisons de la ville, on en ferma l'enceinte par des barricades, des ponts furent jetés pour faciliter le chargement et le déchargement des navires d'un faible tonnage, et les marchandises furent assujetties au paiement d'un droit modique, pour l'entretien de ces différentes constructions.

Dans ces circonstances, les Toulonnais sentirent plus vivement le besoin d'une plus grande liberté dans leurs délibérations et la nécessité de jouir du droit de faire dans l'intérêt commun et de leur propre volonté, suivant le temps et les circonstances, des règlemens et des statuts

---

Martel, héritier par sa mère de Ladislas son oncle, roi de Hongrie, succéda à celui-ci en 1296, et mourut en 1316. André, fils de Charles Martel, premier époux de la reine Jeanne, périt assassiné en 1245.

L'église honore comme un saint, Louis, évêque de Toulouse, mort à Brignoles en 1297, second fils de Charles II.

La reine Jeanne épousa en secondes noces Louis fils de Philippe, prince de Tarente quatrième fils de Charles II.

Jean de Duras, aïeul de Charles de Duras, par les ordres duquel la reine Jeanne fut étranglée ou étouffée entre deux matelats en 1582, était le huitiame fils de Charles II.

obligatoires pour tous. A cet effet, ils députèrent, en 1313, vers le roi Robert qui résidait à Naples, un de leurs concitoyens, Pierre Médicis, pour déposer aux pieds du trône leurs humbles suppliques à cet égard, avec autorisation d'offrir au monarque telle somme d'argent qu'il jugerait convenable pour obtenir les immunités réclamées.

La négociation fut longue; cependant, au moyen du consentement donné par la communauté de la conversion en un impôt annuel d'un tournois d'argent par feu, en remplacement des six sols exigibles éventuellement dans les six cas royaux, Robert, par lettres patentes datées de Naples le 9 juillet 1314, accorda à ses fidèles hommes de l'université de la cité de Toulon la liberté de s'administrer par un conseil composé de douze conseillers, savoir : quatre nobles (*quatuor de nobilibus*), quatre bourgeois (*quatuor de mediocribus*) et les quatre autres artisans ou plébéiens (*et alii quatuor de minoribus seu plebeiis*), avec pouvoir, au conseil, de traiter, procurer et ordonner tout ce qui lui semblerait convenable pour le bien être et l'utilité du pays.

Les Toulonnais firent usage de la grace qui leur était octroyée, par le roi Robert, en se réunissant le 9 mars suivant, 1315 (1314 comme on comptait alors, l'année datant de l'incarnation commençait le 15 mars), et en procédant à l'élection des membres du nouveau conseil qui entra en fonctions le jour de Pâques, 23 du même mois. La durée de l'exercice des conseillers n'était que d'une année, et le peuple était convoqué pour leur donner des successeurs.

Ces magistrats populaires remplirent avec zèle l'obligation contractée de pourvoir à ce qui serait avantageux à la commune, de maintenir les privilèges anciens dont elle jouissait, de prévenir ou de réprimer les abus, de veiller à l'exécution des réglemens de police. Ainsi, ils réclamèrent et obtinrent du roi Robert une énonciation claire et précise des attributions du Baile, du Juge, du Clavaire, du Trésorier. Ainsi, sur les plaintes qu'ils adressèrent à Naples contre l'avarice des gens d'église qui n'administraient les sacremens qu'à prix d'argent ou qui les refusaient à ceux qui ne se soumettaient pas aux exactions du clergé relativement à la perception des dîmes, le Roi transmet leurs doléances à l'archevêque d'Arles avec invitation d'y faire droit et menace, en cas de refus de sa part, de les dénoncer au Pape. Ainsi, en 1318, par une ordonnance, ils prescrivirent, conjointement avec le Juge, aux femmes de mauvaise vie, de sortir de la ville et des faubourgs, sous peine du fouet et de confiscation de leurs robes.

Cette forme d'administration avait un vice dont on ne tarda point à s'appercevoir et qui nécessita une modification. Ce vice consistait en ce que l'exécution des délibérations était confiée aux mêmes personnes qui avaient proposé l'introduction d'un réglement quelconque et qui, par leur vote, avaient concouru à le faire adopter. Il s'en suivait que les pouvoirs législatif et exécutif reposaient dans les mêmes mains ; on en sollicita la division ; elle fut accordée par le roi Robert en 1319. Ce prince indépendamment des douze conseillers qui formaient le conseil de ville autorisa la création et l'adjonction de deux Syndics. Ces derniers assistaient au conseil, en étaient les chefs en quelque sorte, y faisaient les propositions qu'ils croyaient utiles, rendaient compte de l'exécution des délibérations, mais n'y avaient pas voix délibérative. Ils n'agissaient qu'en vertu des pouvoirs que leur déléguait le conseil : c'étaient eux qui administraient les revenus publics, qui siégeaient aux tribunaux avec le juge de la cour, qui recevaient les ordres émanés du prince ou de ses sénéchaux, qui les communiquaient au conseil convoqué, sur leur invitation, par mandement du Baile, capitaine pour le roi, en présence de qui tout se passait. La création des Syndics ; fut confirmée en 1367 par la reine Jeanne ; leur élection, ainsi que celle des Conseillers, se faisait chaque année dans une assemblée générale à laquelle les habitans de toutes les classes étaient appelés à donner leur suffrage. Ce mode d'élection subsista jusqu'en 1402, comme nous le dirons plus bas.

Pendant le règne de Robert, qui mérita l'honorable surnom de bon et de sage, et mourut en 1343 ; pendant celui de la gracieuse et trop imprudente Jeanne, sa petite fille, les Toulonnais reconnaissans des bienfaits de ces souverains, se montrèrent dévoués à leur service et ne reculèrent devant aucun sacrifice d'hommes et d'argent pour leur donner des preuves de fidélité et d'attachement. En 1319, à la première réquisition de Jean de Baux, sénéchal de Provence, ils se levèrent en masse pour suppléer à l'insuffisance des troupes royales qui, faisant le siège du château de Dulcis Aquæ, ne pouvaient sur tous les points faire face aux colonnes ennemies qui désolaient le pays. Ils réparèrent à leurs frais, quelques années après, les murailles et les fortifications de leur ville menacée d'une attaque. Ce fut à cette occasion que défenses furent faites à tout propriétaire d'élever aucune construction dans l'intérieur de la ville à moins d'une canne de distance des remparts. En 1355, ils fournirent des compagnies d'hommes à pied et à cheval pour aller assiéger le château de Baux, occupé par Robert de Duras, quoiqu'ils eussent à redouter les hostilités des Marseillais, qui, après avoir pillé les habitans de la Cadière et du Castellet, annonçaient le projet de se porter sur Toulon dont, en maintes occasions, ils avaient vexé les citoyens, ce qui de la part de ceux-ci donnait lieu à de fréquentes représailles au détriment des malheureuses victimes. L'autorité royale fut obligée d'intervenir pour y mettre fin.

En 1366, le conseil de la communauté, toujours attentif à prémunir la cité contre toute entreprise étrangère, fit élever un mur et des fortifications le long du rivage, afin de la clore du côté de la mer, et de lui donner un aspect plus imposant, tandis que par ordre de la reine on rasait par précaution les forteresses et châteaux hors d'état de résister aux attaques des ennemis. Les Toulonnais, sous les ordres de leurs capitaines et par mandement de Raymond d'Agout, sénéchal de Provence, allèrent démolir celui de Lavalette qui servait parfois de retraite aux différens partis, d'où, en le faisant réparer, ces partis auraient pu les tenir en échec.

En 1375, soit pour ajouter à la sûreté de la place, soit pour se ménager un point de résistance plus facile à défendre, une forteresse, espèce de citadelle, fut construite à l'angle oriental de la ville sur les bords de la mer. Le commandement de cette forteresse, dit en langue vulgaire *lou Castel de la mer*, fut confié à un officier royal avec le titre de chatelain. La tendance continuelle de ce Chatelain à donner à son autorité plus d'extension que n'en comportait la nature de ses fonctions toutes militaires, la prépondérance que son appui ajoutait aux prétentions de tel ou tel parti, à l'époque des élections municipales, suscitèrent le mécontentement des habitans, fomentèrent des divisions, et peut-être ne contribuèrent pas peu à les détacher de l'affection qu'ils avaient pour la reine Jeanne, affection qu'ils eussent reportée sur son successeur, par respect pour l'acte de dernière volonté de cette princesse.

Jeanne ayant terminé dans les fers et d'une façon déplorable sa carrière orageuse, laissa ses états à Louis Ier, duc d'Anjou (1), révoquant en sa faveur l'adoption qu'elle avait faite précédemment de Charles de Duras, qui, par son ingratitude, s'en était rendu indigne, et qui consomma sa vengeance par le meurtre de sa bienfaitrice. Les provençaux penchaient en général pour Charles de Duras, en qui ils reconnaissaient un droit légitime pour succéder à leurs comtes à défaut d'héritiers directs (Charles de Duras était arrière petit-fils de Charles II). Ils n'osèrent point cependant manifester ouvertement leurs sentimens pendant la courte durée du règne de Louis, mais à la mort de ce prince, arrivée en 1384, les villes de Provence, que la crainte avait jusqu'alors retenues sous son obéissance, reconnurent pour souverain Charles de Duras et formèrent pour le maintenir en cette qualité une ligue sous le nom d'*Union* d'Aix. Il n'y eut que Marseille, Pertuis et un petit nombre de villes moins considérables qui restèrent fidèles à Marie de Blois, mère et tutrice de Louis II, régente pendant sa minorité. Marie conduisit son fils à Avignon, en 1387, et obtint pour lui, du pape Clément VII, l'investiture du royaume de Naples. Forte de la protection du saint père, elle essaya de faire

---

(1) Fils du roi de France Jean et frère de Charles V.

rentrer dans le devoir les villes insoumises à son autorité, en les privant de certains avantages. Toulon, en punition de sa confédération avec la ligue, fut déclaré appartenir au baillage de Marseille par une ordonnance qu'il était plus aisé de rendre que de faire exécuter. Aussi ne produisit-elle que peu d'effet sur l'esprit des Toulonnais; ils persistèrent dans le parti qu'ils avaient adopté et continuèrent leurs mesures de résistance. La mort inopinée de Charles de Duras, assassiné à Bude en 1386, le progrès des partisans de Louis, l'exemple des villes gagnées par les libéralités et les concessions de la Régente les déterminèrent à se soumettre à l'autorité dominante; mais ils ne se rendirent point en vaincus. Ils traitèrent solennellement avec le sénéchal de Provence, Georges de Marlio, agissant au nom de son souverain, et par ce traité, passé le 17 mars 1388 dans une maison appartenant aux frères prêcheurs, située hors de la ville, il leur fut concédé oubli du passé, restitution des droits et honneurs dont on avait voulu les priver, ample confirmation de tous leurs anciens privilèges. Alors réunis de bonne foi à la cause de Louis, ils combattirent pour lui en toute circonstance.

La paix n'était pas rétablie dans toute la Provence quand Louis, en 1390, partit après son sacre pour se rendre à Naples. Le pays, en son absence, vit s'élever une guerre civile suscitée par le vicomte Raymond de Turenne. Les bandes de ce seigneur essayèrent vainement de pénétrer dans Toulon. Les habitans défendirent leurs murailles, mais leur territoire fut tellement maltraité que, n'ayant pu y faire aucune récolte, ils furent déchargés, par lettres patentes de la reine Marie du 18 mai 1391, du payement des redevances et cens dont quelques unes de leurs propriétés étaient grévées envers des particuliers. En 1396, ils marchèrent, avec les troupes du Roi, pour faire le siège du château des Baux dont le propriétaire, descendant de Charles II par sa bisayeule, réclamait, à main armée, une plus grande part d'hérédité. Les sacrifices de la commune de Toulon pour cette expédition, la valeur que déployèrent ses gens-d'armes, le prompt acquiescement qu'elle avait donné précédemment à l'ordonnance de la Reine enjoignant aux propriétaires de Salins de verser annuellement deux mille cinq cents olles de sel dans les magasins de la gabelle royale, l'empressement qu'elle mit à payer son contingent du don gracieux offert au jeune roi à l'occasion de son avénement à la couronnne, valurent à la cité, au retour de Louis II en Provence, en 1399, des lettres patentes par lesquelles ce prince confirmait tous les privilèges qui lui avaient été accordés par les comtes et rois ses prédécesseurs, et y ajoutait en outre qu'aucun habitant de Toulon ne pourrait être traduit au civil ou au criminel par devant un autre tribunal que celui de la cour royale établi dans cette ville.

Avant de passer à l'histoire de Toulon pendant le XVe siècle, revenons sur nos pas pour parler d'événemens graves, de faits, d'établissemens utiles que nous avons omis dans notre rapide esquisse du XIVe siècle.

Au commencement de ce siècle la communauté n'avait point de corps administratif permanent. L'exécution des mesures arrêtées dans l'assemblée générale des habitans, était confiée à un syndic dont l'autorité, souvent méconnue, avait besoin d'être fortifiée par celle du gouverneur lieutenant-général des comtes de Provence, pour que ceux qui contrevenaient aux ordonnances, fussent traduits devant le juge royal. C'est ainsi qu'en 1303, Richard de Cambateza, gouverneur lieutenant-général, corrobora, par un acte émané de lui, les réglemens de police délibérés en 1289. Les affaires civiles étaient portées en appel devant son tribunal, le seul supérieur qui existât avant 1307. En cette année, la Provence fut divisée en deux sénéchaussées dont les sièges furent fixés l'un à Forcalquier et l'autre à Aix. Toulon naturellement, fut du ressort de la sénéchaussée d'Aix. Depuis l'érection de la cité en commune, l'autorité du conseil acquit plus de prépondérance. Ce fut à sa requête que les poursuites dirigées contre les délinquans furent portées devant le juge à côté duquel des membres du conseil prenaient séance à l'audience. Les ordonnances partielles, les réglemens que les circonstances ou la nécessité firent successivement délibérer, forment un espèce de code en 83 articles, qui, revêtu de la sanction du Bailli et capitaine de la cour, et visé par le Juge, fut publié en 1394. Tous les ans on en renouvellait la publication dans les divers quartiers de la ville: un serviteur du conseil appelait au son de la trompette le peuple pour en ouïr la lecture, qui en était faite par un notaire, greffier de la communauté. Ce code, puisque nous lui donnons ce nom, était écrit en latin, et c'est dans cette langue qu'il était publié selon toute apparence. La version en langue vulgaire du pays, qui existe aux archives, est de l'année 1557 : c'est l'ouvrage de Balthazard Rodelhat, docteur en l'un et l'autre droit et assesseur de la ville. Nous en donnerons une courte analyse, persuadés que nous sommes que le moyen le plus sûr de connaître les mœurs du temps, c'est d'interroger les loix que le besoin a fait naître. Mais auparavant rapportons les événemens dont, plus haut, nous avons promis de réparer l'omission. Un des plus graves est l'attentat auquel le peuple toulonnais s'est porté contre les juifs.

Nous avons fait remarquer en parlant de l'établissement des dominicains à Toulon, qu'avec ces soldats de l'inquisition, l'esprit d'intolérance qui leur était particulier avait fait éloigner les juifs de toute participation aux délibérations des assemblées générales des habitans. La persécution exercée, depuis longues années, contre les Albigeois, leurs partisans, leurs fauteurs, contre les personnes de quelque qualité qu'elles fussent, que l'on supposait être attachées à leur doctrine, habituèrent le peuple à regarder comme des ennemis dont sous le moindre prétexte, il était licite de se défaire, tous ceux qui ne professaient pas la religion catholique romaine. Le vieux manuscrit que nous citons souvent rapporte qu'en 1344, un juif vint, le jour de pâques fleuries, en pleine église, au milieu des fidèles rassemblés, insulter à la solennité de la fête, proférer des blasphêmes contre la divinité de J.-C.; que le peuple irrité le poursuivit à coups de bâtons, frappa, maltraita tous les juifs qu'il put rencontrer dans les rues, et les chassa tous de la ville, ne respectant que ceux d'entr'eux qui avaient contracté des alliances avec des familles catholiques. Un semblable prétexte fait renouveller, le vendredi saint de l'année 1348, des excès plus funestes pour les juifs; quarante des leurs sans distinction de sexe ni d'âge, tous massacrés impitoyablement, les autres n'échappent que par la fuite à une mort certaine, leurs meubles et effets sont pillés, leurs biens confisqués, le retour en ville leur est interdit. Ce crime ne resta point tout à fait impuni, la communauté fut condamnée à une forte amende dont le fisc royal profita, et les héritiers des victimes qui s'étaient soustraits à la fureur populaire ne récupérèrent qu'en partie leurs biens, ou pour mieux dire, ils les rachetèrent en quelque sorte par l'impôt auquel ils furent soumis et dont la quotité servit à la confection de la rue du Trabuc. Commencée en 1351 et terminée en 1366 avec le mur d'enceinte fermant la ville du côté de la mer.

Le prétexte du massacre des juifs, consigné dans le vieux manuscrit, n'est point relaté dans l'enquête à laquelle il fut procédé pour parvenir à la punition des coupables, et ce prétexte n'eût point manqué d'être allégué pour atténuer l'horreur de leur conduite, si les juifs avaient été les imprudens provocateurs de leur ruine. Cela permet de penser que les faits ont été altérés par le rédacteur du vieux manuscrit. Voici le texte d'un acte authentique déposé aux archives qui constate et le crime et sa punition.

Le 13 avril 1348, qui était le jour du dimanche des Rameaux, un grand nombre d'individus, à la suite de conciliabules tenus de nuit et de jour, des furieux, poussés par un esprit diabolique, se rassemblent pendant la nuit à l'heure du premier sommeil dans la rue des Juifs, brisent à coups de hache la porte de leurs maisons, tirent leurs glaives du fourreau et se précipitent dans les chambres où ces malheureux reposaient en sécurité. Ils les frappent, les blessent avec une telle effusion de sang, qu'environ quarante, tant juifs que juives, furent tués et que leurs cadavres, dépouillés, furent jetés dans la rue. Ces barbares, non contens de s'être souillés par le meurtre, ajoutent le vol à leurs forfaits : ils pillent et emportent les effets des victimes, leur argent, leurs papiers, leur vaisselle d'argent, leurs bijoux d'or : en réparation de quoi des poursuites furent dirigées par mandement du grand sénéchal, Raymond d'Agout, lequel dans la crainte de confondre l'innocent avec le coupable admit la communauté à composition et se contenta de lui infliger une amende de 1,000 florins d'or de Florence (1).

En cette même année la reine Jeanne s'était rendue à Avignon pour se laver devant le pape Clément VI du soupçon qui planait sur elle d'avoir participé à l'assassinat d'André de Hongrie son premier mari : elle avait vendu au souverain pontife, dont la sentence lui avait été favorable, la ville d'Avignon moyennant la somme de 80,000 florins d'or; cette vente avait mécontenté ses sujets provençaux, aussi différentes villes lui adressèrent des représentations pour obtenir d'elle la garantie de n'être jamais aliénées du domaine comtal. Toulon ne fut pas une des dernières à faire entendre ses doléances dans cette circonstance ; la reine y eut égard et par lettres patentes du 10 octobre 1353, les habitans furent autorisés à s'opposer *impunément*, même à main armée, à l'aliénation de leur ville et de son territoire, si cette aliénation était consentie par elle-même ou par ses successeurs.

Toulon obtint encore, sous le règne de la reine Jeanne, la création d'une foire en 1357

---

(1) Cinq florins d'or représentaient une once d'or, les mille équivalaient à 200 onces ou 25 marcs qui au cours actuel vaudraient environ 19,000 fr.

et en 1368 la faculté d'établir un marché hebdomadaire dont la tenue fut fixée au samedi.

Toulon, par son érection en commune, fut appelé à concourir aux délibérations générales du pays prises par la réunion des trois ordres qui s'assemblaient tous les ans, tantôt dans une ville tantôt dans une autre, c'était d'après la valeur des biens fonds que se payaient les impositions ou redevances réclamées par le souverain; c'était par les trois ordres que se déterminait le montant des sommes versées au trésor royal à titre de don gracieux ou d'aide suivant l'occurrence; pour en faire la repartition le moins inégalement possible entre tous les assujetis, il avait fallu se procurer l'état et l'estimation des propriétés foncières. L'opéarion indispensable pour l'obtenir s'appelait Canastre. Malgré le beau ciel qu'on admire en Provence, malgré la douceur habituelle de sa température, comme beaucoup d'autres provinces de l'intérieur, celle-ci se ressent de temps en temps de l'intempérie des saisons. Parmi les années calamiteuses on doit signaler, 1302, 1314, 1319, 1364, où les récoltes perdues, soit par l'effet d'un froid excessif qui fit périr les arbres fruitiers et détruisit l'espoir des cultivateurs, soit par des inondations à la suite de pluies extraordinaires occasionnèrent une famine aussi fatale aux hommes qu'aux bestiaux. La peste, ou des maladies contagieuses presque aussi dangereuses, exercèrent leurs ravages pendant les années 1348, 1359, 1361, 1374, 1390. Le pays était d'ailleurs fréquemment affligé par la lépre qui ne s'attachait pas toujours à l'indigence. Triste fruit des croisades, la lépre avait été importée en France par un grand nombre de ces misérables aventuriers qui ne trouvèrent pas la morts sur les bords asiatiques, elle se propagea à un tel point que pour séquestrer les individus qui en étaient atteints on les plaçait dans des bâtimens isolés situés à quelque distance des villes qui du nom de la maladie furent appelés *léproseries*, *maladreries*. Toulon lpossedoit un de ces hospices érigé probabement dans le douzième siècle et qui a été détruit en 1707.

Terminons ce que nous avons pu recueillir sur l'histoire de Toulon pendant le quatorzième siècle, par une analyse succincte des ordonnances et réglemens publics pendant sa durée, et dont nous avons dit que la réunion formait une espèce de code en 90 articles.

L'article 1er rappelle la fidélité et le respect dûs au souverain, à ses droits, à ses institutions; c'est en son nom et par ses officiers que la justice est rendue dans la ville, et nulle personne, de quelque qualité qu'elle soit, baron ou prélat, ne peut y prétendre de juridiction.

Pour se soustraire au jugement des tribunaux civils et jouir de ce qu'on appelait alors bénéfice de clergie, quelques individus essayaient de se faire considérer comme clercs en portant une tonsure. De fortes amendes sont prononcées non seulement contre ceux qui la portent, s'ils ne peuvent justifier qu'ils l'ont reçue de la main de l'évêque, mais encore contre le barbier qui leur aura prêté son ministère.

Le port d'armes défendues, de bâtons ferrés, d'épées, de glaives, dont la longueur excède celle fixée par la cour, est interdit dans la ville et son territoire, à moins qu'on ne les ait pour sa sûreté, en partant pour un voyage, ou en en revenant.

L'ordre de ne point circuler sans lumière dans la ville, après l'*angelus* du soir, est prescrit par l'article 10.

Il est défendu de donner asyle chez soi ou ailleurs aux larrons, de les aider de ses conseils, d'acheter d'eux les choses dérobées, de leur faciliter les moyens de soustraire les effets volés aux recherches qui en sont faites, de communiquer avec eux, ou tous autres détenus pour crimes dans les prisons, sans la permission de l'autorité.

Nous avons vu qu'en 1318, il fut défendu aux femmes de mauvaise vie dont l'inconduite était publique, de résider dans la ville et ses faubourgs. L'ordonnance rendue à leur sujet était tombée en désuétude, soit par le laps de temps, soit par le relachement des mœurs, puisqu'en 1365, leur nombre s'était accru au point qu'il parut convenable de confiner leurs désordres dans un quartier de la ville qu'on leur assigna pour demeure. Puis on leur défendit de porter en vêtemens, des tissus d'or ou d'argent, ainsi que des étoffes de couleurs différentes. Il leur fut de plus interdit de toucher, avec la main, le pain, les fruits et autres comestibles exposés en vente, avant de les avoir achetés.

Les juifs étaient de même signalés, en quelque sorte, à la réprobation publique par l'obligation qui leur était imposée de ne paraître dans les rues, qu'en portant, sur leur cape ou robe de dessus, une roue en étoffe de couleur différente de celle du vêtement principal.

L'usage des cartes dont l'invention ne date, au dire de la plus grande partie des historiens, que de la fin du 14e siècle (elles ne furent imaginées suivant eux, que pour distraire le roi Charles VI, de la mélancolie qui succédait à ses accès de folie), s'était étendu avec rapidité dans les provinces, si déjà il n'y était connu avant son introduction à la cour de France, puis qu'un des articles du code que nous examinons range leur pratique, ainsi que celle des dés, au nombre des jeux de hasard, prohibés aussi sévèrement que les blasphêmes contre Dieu, la Vierge et les Saints, de même que les maléfices, sorcelleries et enchantemens.

La bonne foi, dans ces temps reculés, n'était pas plus que de nos jours, la vertu dominante des marchands de toute espèce, des débitans de vin. Des peines sont prononcées contre ceux d'entre eux qui vendent à faux poids, qui se servent de fausses mesures, qui en vendant en gros mêlent à des fruits sains et frais, des fruits verts ou gâtés, qui mettent de l'eau dans le vin, ou en altèrent la qualité par des mélanges. La faculté de mettre en vente deux espèces de vin est interdite aux taverniers à moins que l'un ne soit rouge et l'autre blanc.

La consommation du blé dans une ville dont le territoire fournissait à peine pour suffire pendant deux mois à la nourriture des habitans, était un objet trop essentiel pour ne pas attirer l'attention du conseil. Les articles 15 et 40 déterminent la mesure légale dont on doit se servir pour l'achat et la vente, défendent l'exportation des grains exposés en vente sur la place du marché, et interdisent l'exercice du courtage à toute personne qui n'est point autorisée à s'y livrer, et sans qu'elle ait au préalable fourni un cautionnement et prêté serment d'en remplir fidèlement les fonctions.

La fabrication, la cuisson, la qualité, le poids et le prix du pain fixés d'après la valeur du blé, étaient naturellement un sujet de sollicitude pour l'administration, divers articles le témoignent.

Une longue suite d'articles, du n° 52 au n° 66 inclus concerne la pêche, les pêcheurs et les vendeurs de poissons en gros ou en détail : il est défendu de pêcher les jours de dimanches et de fêtes, de se servir de filets à mailles trop serrées, de les jeter partout indistinctivement. Les pêcheurs avant tout devaient approvisionner d'une certaine quantité de poisson la halle où il se vend. Les revendeurs ne pouvaient le débiter que sous cette halle, et passée telle heure le poisson apporté le matin devait être salé; la vente dans l'intérieur de leurs maisons était interdite aux pêcheurs et aux revendeurs, afin que les uns et les autres ne pussent échapper à la vigilance des commissaires ou prud'hommes chargés de veiller à ce qu'ils ne dépassassent point le prix fixé, et à ce que dans les ventes en gros, il ne fut livré que des poissons récemment sortis de l'eau.

L'abattement des bestiaux dans la tuerie publique qui se trouvait dans l'intérieur de la ville, le débit de la chair des animaux y conduits, l'espèce et la qualité à livrer par les bouchers à la consommation, la défense de hausser ou de baisser le prix en raison de la quantité plus ou moins forte demandée par les acheteurs, celle de mettre en vente des animaux malsains, d'en offrir la chair sous un autre nom que celui qui leur est propre, de la débiter ailleurs que dans la halle publique, de tuer des porcs avant et passé telle époque, sont l'objet de 18 articles à l'observation desquels des commissaires élus en même temps que les autres officiers de la ville, devaient tenir la main.

La santé des citoyens, leurs intérêts privés, les droits des propriétaires, les devoirs des ouvriers et des serviteurs n'excitaient pas moins la prévoyance du conseil, divers articles des ordonnances en font foi.

Nulle personne, de quelque condition qu'elle fût, ne pouvait exercer la chirurgie ou la médecine sans y être autorisée par l'autorité de la cour, ce qui suppose que les candidats étaient soumis à un examen préalable.

Les biens des pupilles, des orphelins, des aliénés étaient sous la protection du magistrat, nul ne pouvait s'immiscer dans leur gestion sans jugement.

Il était défendu aux locataires de maisons d'enlever aucun objet desdites maisons avant d'e navoir payé le loyer : à tout individu d'entrer dans les propriétés d'autrui, d'y couper des arbres sous peine d'amende et de confiscation des haches ou de tous autres instrumens qui auraient servi à y faire du dégât.

Aucun ouvrier ne devait quitter celui avec qui il avait pris des engagemens pour la confection d'un ouvrage avant que cet ouvrage ne fut terminé; aucun serviteur, aucune servante attachés au service de la personne ne pouvaient se retirer avant le terme convenu.

Il était défendu d'encombrer les chemins publics, d'en approprier une partie à son usage particulier, de les dégrader par une œuvre quelconque. Des amendes étaient prononcées contre ceux qui dans l'intérieur de la ville ou les faubourgs, jetaient de leurs croisées dans la rue des eaux, fussent-elles propres; qui embarassaient les rues sans nécessité absolue; qui n'enlevaient pas à l'entrée de la nuit les bancs et les tables servant à l'usage de marchandises; qui ne faisaient pas, au moins une fois par semaine, depuis le 1er mai jusqu'au 31 août, transporter au dehors les fumiers que l'on était dans l'usage d'entasser contre les murs des maisons.

Si les propriétés particulières des habitans

étant cadastrées pour contribuer d'après leur valeur, aux charges générales du pays, ne pouvaient guères supporter d'autres impôts ; la cité n'avait d'autres ressources pour subvenir à ses dépenses particulières que les rèves ou taxes qu'elle mettait sur les objets de consommation et sur les marchandises ou denrées, destinées aux besoins de la ville et à ceux de l'étranger, qui ne pouvaient être chargées ou déchargées sur aucun autre point de la rade que le port dont l'enceinte était formée par des palissades. Les vins, les raisins étrangers ne pouvaient entrer dans la ville ni circuler sur son territoire ; c'est un des priviléges dont la cité s'est toujours montré la plus jalouse afin de conserver à un certain taux le prix du vin qu'elle récoltait dans son finage.

Les élections des officiers politiques donnaient fréquemment lieu à la formation des partis qui, pour faire valoir leurs candidats, suscitaient des émeutes qui ne se terminaient pas sans qu'il y eut du sang répandu. D'un autre côté, les seigneurs, en embrassant la cause de tel ou tel prince, s'efforçaient de rassembler des gens de guerre et les recrutaient partout où ils pouvaient. De simples ordonnances étaient un faible obstacle à opposer à leurs desseins. Elles n'en étaient pas moins publiées dans une ville qui se glorifiait de sa fidélité pour ses souverains.

Nombre d'articles de la longue ordonnance que nous venons d'analyser ont été conservés dans les réglemens publiés postérieurement, parce que la même propension à suivre aveuglement ses penchans, à s'abandonner à leur violence, à n'écouter que la voix de l'intérêt personnel, existant dans toutes les générations, il a fallu pour réprimer ou prévenir les désodres qui peuvent en résulter, recourir à des défenses comminatoires dont l'infraction entraînât la punition des coupables.

Reprenons la suite des événemens auxquels Toulon a pris part, pendant le quinzième siècle, et n'omettons rien de ce qui a été fait d'interressant pour elle, jusqu'à la mort du dernier comte de Provence.

Les troubles, les dissensions à l'occasion des élections aux charges de la communanté, les délits qui en furent la suite, ayant pris en 1402, un caractère d'autant plus grave que l'autorité du Chatelain Olivier Bourdon, commandant de la forteresse Royale, fut méconnue, et que lui même fut insulté et maltraité.

Le comte Roi Louis II, par lettres patentes du 20 juillet de cette année, changea le mode des élections, et au lieu d'y faire participer, comme c'était l'usage, l'universalité des citoyens ayant l'âge requis, proscrivit leur réunion générale et commit le droit de les représenter à quarante électeurs, dont le nombre se composait ; *primò*, des trois Syndics et des douze Conseillers, dont les fonctions expiraient ; *secundò*, de vingt-cinq notables ou prud'hommes choisis et désignés par les conseillers. A dater de cette époque, les vingt-cinq notables prirent part aux délibérations du conseil sur des affaires majeures qui ne paraissaient pas cependant d'une assez grande importance pour exiger la convocation et l'assentiment de tous les chefs de famille.

Le pouvoir des syndics, des conseillers fut réglé par un statut qui détermina également la nature des fonctions des autres officiers civils, tels que Notaire ou greffier du conseil, Trésorier, Experts, Censaux, Vérificateurs des poids et mesures, Jaugeurs mesureurs, Gardes de l'hôpital des pauvres, etc., etc. On vit paraître en même temps un recueil des usages et coutumes de la communauté, dont la publication annuelle avait lieu solennellement en même temps que celle des réglemens de Police.

L'autorité des syndics se bornait à faire exécuter les décisions du conseil; mais ces syndics toujours en évidence, comme représentans du conseil, revêtus du chaperon marque de leur dignité, commandants supérieurs de la milice bourgeoise et de la ville, en relation avec les grands sénéchaux et gouverneurs de la province, dont ils recevaient directement les ordres, avaient une grande influence. Les clefs des portes de la ville dont la garde était confiée aux habitans, passaient à tour de rôle dans les mains d'un des conseillers qui, pendant un mois, assistait à l'ouverture et à la fermeture des quatre portes qui existaient alors. Nul citoyen, à moins qu'il ne fût septuagénaire, ne pouvait se refuser à remplir la charge à la quelle il était appelé par les électeurs, tous les nouveaux élus prêtaient serment de bien et loyalement exercer leurs fonctions.

Le comte Roi Louis II, pendant le séjour qu'il fit à Toulon en 1404, où il fut reçu sous un dais d'or prêté par le chapitre de l'église cathédrale, confirma ces statuts, ainsi que les privilèges, franchises et libertés accordés à la ville par lui et ses prédécesseurs. Les Officiers royaux, en prenant possession de leurs charges, les Evêques, à leur entrée, juraient de les observer et de les maintenir, mais trop souvent la communauté avait à les défendre contre les prétentions de ces hauts personnages qui mettaient toujours en avant certaines prérogatives pour s'exempter de contribuer aux charges communes et s'attribuer des droits qui ne leur appartenaient pas : de là une foule de procès que la ville eut à soutenir ou à intenter contre eux, et dont le gain même devenait onéreux pour elle.

L'affection que les Toulonnais témoignèrent au roi Louis en lui donnant deux cents florins d'or dont ils empruntèrent moitié des pères Dominicains, pour l'aider à payer le château de Bréganson qu'il acheta en 1406 de Bando de Spinola, leur mérita, l'année suivante, des lettres d'amnistie pour les excès auxquels un certain nombre d'entre eux, s'étaient portés contre les Bretons, faisant partie des troupes envoyées pour soumettre Gênes, sous la conduite de Louis de Loigny, maréchal de France. Ce passage de troupes étrangères ajoutait aux désordres qui régnaient dans un pays toujours menacé par les seigneurs qui soutenaient à main armée l'ambition de s'agrandir aux dépens du domaine du prince.

Louis essaya de faire valoir, en 1411, les droits de sa femme Yolande à la succession de Martin, roi d'Aragon, son oncle, décédé l'année précédente. Ses tentatives exigèrent de nouveaux sacrifices de la part de ses sujets. Les habitans de Toulon ne restèrent pas en arrière ; pendant que Pierre d'Acigné, grand sénéchal, requérait les syndics de lui envoyer, sans délai, tous les hommes capables de servir sur les galères qu'il faisait armer à Marseille, pour les opposer à la flotte commandée par Pierre de Lune, ceux-ci faisaient travailler, avec les deniers de la communauté, à la réparation des murailles et des fortifications de la ville. Les dépenses faites en cette occasion furent par la suite admises en compensation des tailles et autres impositions royales.

Pendant les dernières années de sa vie, c'est-à-dire jusqu'en 1417, qu'il mourut dans la capitale de son duché d'Anjou, Louis II paraissant abandonner toute prétention sur le royaume de Naples, ne s'occupa plus que des affaires intérieures de ses états de Provence. Il fit plusieurs établissemens utiles : il institua à Aix, en 1417, une cour souveraine de justice que les lettres patentes de son érection appellent parlement (1), la justice devait y être rendue gratuitement ; il assista à l'assemblée des trois états tenue en la même ville en 1416 et y sanctionna les décrets, statuts et réglemens qui y furent délibérés; décrets et statuts dont copie, en langue du temps, est conservée dans les archives de Toulon, comme un titre précieux de ses anciens privilèges.

L'année qui suivit la mort de Louis II fut une année calamiteuse. La minorité de son successeur donna lieu à des dissensions intestines, la communauté de Toulon fut dans la nécessité de faire de grosses dépenses pour mettre la ville à l'abri de toute surprise, de la part des ennemis du prince ; une maladie contagieuse qui désola toute la Provence et par laquelle elle ne fut point épargnée vint ajouter à la pénurie de ses finances ; elle envoya auprès de Louis III, des députés, tant pour déposer à ses pieds l'hommage de sa fidélité à son avènement au trône, que pour joindre ses supplications à celles des autres villes qui sollicitaient un nouvel affouagement. Le taux en était si élevé dans la ville de Toulon qu'elle était menacée d'en voir déserter les habitans; le besoin d'argent rendit les réclamations infructueuses. Une ordonnance royale défendit la désertion sous peine de confiscation des biens de ceux qui abandonneraient la ville pour s'établir ailleurs.

---

(1) La cour souveraine d'Aix fut érigée depuis en parlement de Provence en 1500 par édit de Louis XII.

En 1420 Louis III passa en Italie et y recommença la lutte si longue et si mémorable entre la maison d'Anjou et les descendans des comtes de Barcelone pour la souveraineté du royaume de Naples. Les côtes de Provence furent menacées par les vaisseaux de diverses nations que la reine Jeanne II ou Jeannelle tenait à sa solde. Yolande, mère de Louis, écrivit aux syndics et conseillers de Toulon de se tenir sur leurs gardes, et de refuser tous secours, de quelque nature qu'ils fussent, aux Catalans et aux Corses attachés au service de cette princesse. Par une autre lettre elle leur enjoignit, en 1423, de députer deux d'entr'eux à Aix pour prendre part dans l'assemblée des trois états à l'opportunité et à la rédaction d'un traité d'alliance avec le duc de Milan. La communauté de Toulon, contribua l'année suivante, pour une somme de cent soixante florins, à l'armement et à l'équipement des galères du roi.

Les levées d'hommes, l'assiette et la répartition des impositions extraordinaires venaient, dans maintes circonstances, altérer la bonne intelligence qui aurait dû toujours régner dans la ville, entre les officiers de justice, à la tête desquels était le Baile, et les chefs de l'administration municipale. Les uns et les autres empiétaient sur leurs fonctions respectives. L'autorité supérieure fut souvent obligée d'intervenir pour rétablir la tranquillité; ainsi en 1425, le prince Charles, frère de Louis III, et son lieutenant-général en Provence, par lettres patentes du 19 avril, fit défense aux Syndics d'inquiéter le Baile dans ses fonctions, et à celui-ci la même injonction par rapport aux Syndics.

De ce désaccord entre les magistrats, s'en suivait naturellement la désunion entre les habitans qui embrassaient la cause de l'un ou de l'autre parti ; de là des troubles, des rixes qui dégénéraient en une espèce de guerre civile, c'est ce qui eut lieu à la mort de l'évêque Guillaume de Nicolaï.

Deux compétiteurs nommés, l'un par le pape Martin V, l'autre par l'antipape Clément VIII, aspiraient à lui succéder. Des partis qui s'étaient formés, soit en faveur de l'évêque Vitalis, soit pour soutenir l'évêque Nicolas Draconis, en vinrent aux mains; il y eut des blessés, des morts de part et d'autre, l'évêque Draconis essuya les injures et les mauvais traîtemens des partisans de son rival, ce dernier acte rendait le cas extrêmement grave. Indépendamment des poursuites judiciaires, commencées contre les meurtriers, la ville entière était frappée d'excommunication pour les violences exercées sur la personne d'un ecclésiastique, d'un prélat! Le roi prit l'engagement de la faire lever dans les lettres d'amnistie qu'il accorda à tous ceux qui avaient participé à ces excès coupables. Mais des lettres d'amnistie, mais un pardon de la cour Pontificale, ne s'obtenaient qu'au prix de coûteux sacrifices, dont la communauté supportait le fardeau. Toulon en avait fait en 1351, 1356, 1372, 1419, 1428, et en fit encore la fâcheuse épreuve, en 1447.

Une permission qui paraîtrait bien extraordinaire aujourd'hui, fut celle accordée en 1429, par Pierre de Beauvau sénéchal et lieutenant-général en Provence, à des marchands de Gênes, de construire un navire sur la place du Palais, avec autorisation de jeter à bas un pan des murailles de la fortification pour le lancer à la mer.

Louis III pendant son règne, confirma les priviléges de la ville et les réglemens concernant l'élection des officiers civils. Il lui octroya la faculté de faire traverser les chemins royaux par les canaux destinés à la conduite des eaux des sources de Saint-Philippe, et de Bonne foi (St.-Antoine), celle d'établir des rêves (impôts) sur diverses denrées, pour suppléer à la modicité de ses revenus, et autorisa le remboursement des cens dûs aux ecclésiastiques, sur des propriétés particulières. Ce prince mourut en Calabre, au château de Cousance, le 24 novembre 1434, sans laisser de postérité. Ses états passèrent à son frère.

René second, fils de Louis II, qui, déjà duc de Bar, par donation du cardinal Louis de Bar, son grand oncle, était engagé dans une guerre malheureuse suscitée par le comte de Vandemont, qui lui disputait la Lorraine, René défendait les droits acquis à sa femme par le décès de Charles, duc de Lorraine, son beau-père. Le comte de Vandemont avait trouvé un important auxiliaire dans le puissant duc de Bourgogne, Philippe le Bon.

René à la tête des seuls Barrois, ayant été blessé au visage et fait prisonnier à la bataille de Bulgueville, fut conduit à Dijon. Il y était détenu dans une tour du palais des Ducs, qui du long séjour qu'il y a fait, prit et conserve encore le nom de tour de Bar, lorsqu'il apprit la nouvelle de la mort de son frère et qu'il fut informé de la riche succession qui lui était échue.

De nobles Toulonnais, de vaillans chevaliers de son bailliage, marchèrent avec les troupes, dont la femme de Réné, Isabelle de Lorraine se fit accompagner, pour soutenir les droits de son époux au trône de Naples, droits corroborés par l'adoption que la reine Jeannelle avait faite du feu roi Louis III.

Un traité conclu à Arras en 1437, mit fin à la captivité de René, il se hâta de se rendre en Provence. Toulon envoya des députés pour le féliciter et contribua au don gracieux voté par les états, par le versement de cent trente-huit florins d'or. Les habitans de cette ville donnèrent fréquemment des preuves de leur respect, de leur affection pour leur souverain, par leur empressement à lui ouvrir leurs bourses dans des cas urgens, par leur zèle à exécuter les ordres émanés de lui et souvent signés de sa main. Le style de ses lettres, dont un grand nombre est déposé dans les archives de la ville, porte ce caractère de bonté qui distingua si éminemment ce prince, dont la mémoire est profondément gravée dans le cœur des Provençaux.

René ne s'offensa pas de l'opposition des Toulonnais à l'installation, en 1443, de noble Antoine de Calvi, en qualité de châtelain de la forteresse royale de leur ville, présenté par le prince de Calabre, venu à cet effet à Toulon, cette nomination paraissant provenir d'un soupçon injurieux pour la fidélité de la cité. Le prince de Calabre, fut reçu avec tous les honneurs dûs à son rang. Les Syndics lui firent, au nom de la communauté, présent de cent florins, somme considérable dans un temps où la journée d'un maître artisan, se payait quatre sols, celle d'un simple ouvrier 2 sols, où la livre de mouton se vendait quatre deniers, la millerolle de vin, douze à quatorze sols, où l'indemnité allouée à un notable habitant pour vingt-quatre journées employées au dehors pour les affaires de la communauté n'était évaluée que huit florins.

Toulon, par sa position, toujours exposé à l'invasion des flottes et des troupes de terre des adversaires de son souverain, était dans la nécessité de faire à chaque reprise des hostilités d'énormes dépenses pour réparer ses fortifications, mal entretenues en temps de paix. Les habitans se livraient alors aux entreprises commerciales, à la culture des terres. Le conseil municipal employait les revenus de la cité, soit au remboursement des capitaux empruntés, soit à la réparation des propriétés communales endommagées pendant la guerre. à l'approche du danger, l'intérêt particulier faisait place à l'intérêt de la patrie, rien ne coûtait pour la défendre. Cette conduite que les Toulonnais tinrent dans toutes les circonstances difficiles, leur mérita les témoignages de satisfaction que leur prodigua le bon René, pendant le long séjour qu'il fit à Toulon, avec la reine son épouse en 1447 et 1448. Les préparatifs faits pour la réception de leurs majestés, les présents qui leur furent offerts, et dont le détail est consigné dans le registre des délibérations de la communauté, paraîtraient d'une mesquinerie ridicule à quiconque les comparerait à la splendeur déployée dans la suite à l'entrée d'un grand seigneur.

René, pendant sa résidence à Toulon, confirma les priviléges de la ville, et leur donna même plus d'extension; il lui fit remise de la moitié des droits qui lui appartenait, en considération des dépenses faites par les habitans aux fortifications. Il vint à son secours dans les calamités que la mortalité, en 1453, la saison rigoureuse, en 1460, la peste, en 1461, les maladies contagieuses, en 1464, entraînèrent après elles. Il exempta les Toulonnais, pendant cinq ans, du payement de tous impôts royaux.

Par suite de ces désastres, la ville avait perdu une grande partie de sa population, soit par mort, soit par émigration. Le nombre des chefs de famille était réduit à 233, et celui des maisons à 237, ainsi que le constate le cadastre d'affouagement de 1471.

René en 1474 revint à Toulon, y répandit de nouveaux bienfaits, lui accorda de nouvelles faveurs, sut récompenser, en affranchissant de la taille, certaines familles dévouées à son service sans que le déficit qui devait en résulter pour le trésor royal, fut couvert par les autres contribuables. Pour cela, il déchargea la communauté d'un nombre de feux égal à la valeur des affranchissements octroyés. Exemple rarement suivi ; les largesses des souverains à leurs favoris ne se font souvent qu'aux dépens des malheureux que les impôts accablent.

Ce séjour fut le dernier dont René honora la ville, bientôt elle eut à ajouter à la désolation que la peste sema dans ses mûrs en 1479, les regrets universels que causa le décès de cet excellent prince. René mourut à Aix le 10 juillet 1480, ayant survécu aux cinq princes ses enfans.

Le règne de Charles, comte du Maine, son neveu, qui prit le nom de Charles III, fut de courte durée. Les deux premiers syndics de Toulon, se rendirent à Aix, pour prêter a ce Prince, au nom de leurs concitoyens, serment d'hommage et de fidèlité ; ils prirent l'engagement d'approvisionner la ville de munitions nécessaires, et obtinrent de lui, indépendamment de la confirmation des priviléges, la création d'un tribunal de juges marchands, à l'instar de celui qui était établi à Marseille depuis 1474. Les lettres d'érection sont datées du 14 février 1481, et sont signées du grand sénéchal Palamède de Forbin (1). Ce seigneur exerça une

---

(1) En 1596 Henri IV renouvella ou sanctionna cette institution, en accordant à la ville la permission d'élire annuellement un juge et deux consuls des marchands.

grande influence sur les dernières volontés de Charles, que ses conseils déterminèrent à instituer pour héritier de ses états Louis XI, et ses successeurs rois de France.

Le testament de Charles III, où respire l'affection qu'il avait pour les Provençaux, où on lit avec attendrissement les expressions qu'il emploie pour les recommander à la protection, à la bienveillance de leurs nouveaux maîtres, où il manifeste toute sa sollicitude pour la conservation de leurs priviléges et coûtumes, est du 10 décembre 1481, veille de sa mort.

Le comté de Provence subsista comme état indépendant, pendant les deux dernières années du règne de Louis XI, et les trois premières de celui de Charles VIII, son fils, Charles, par une lettre datée d'Amboise le 1er septembre 1483, adressée à ses chiers et bien amez les scindicz conseil, manans et habitans de la ville de Thollon, en son païs de Provence, leur annonce le trepassement de feu son très chier seigneur et père que Dieu absolve, et l'intention ou il est de les conserver dans leurs immunités et priviléges. En revanche les Toulonnais s'engagèrent à le servir avec zèle et affection.

Les prétentions des Princes de la maison de Lorraine, à la succession du comte Charles, pouvant être une source de guerres fatales au pays; la crainte de passer sous la domination d'un Prince trop faible ou trop éloigné de ses possessions pour défendre leurs frontières, déterminèrent les plus sensés des Provençaux, à attacher d'une manière irréfragable leur belle Province aux destinées de la France. A cet effet, dans l'assemblée des trois états tenue à Aix, au commencement de 1486 (assemblée à laquelle assistèrent comme représentans de leur ville, deux citoyens notables de Toulon, MM. Gabriel Garjan et Jean Signier), il fut délibéré d'envoyer auprès du Roi, deux députés, pour le prier de réunir la Provence à la France, non comme une dépendance, mais comme une annexe qui ne pourrait jamais être aliénée, et qui aurait sa constitution particulière. Charles VIII adhéra au vœu des états, et les lettres patentes qu'il signa en conséquence, le 24 octobre 1486, furent reçues aux acclamations universelles.

———

Nous avons dit, dans le cours de ce résumé, qu'au commencement du XVe siècle, furent coordonnés les réglemens et statuts concernant le mode des élections, les obligations des élus, la nature et la durée de leurs fonctions ; que le recueil des usages et coûtumes de la cité fut publié. Ce serait le cas de les transcrire ici, afin de faire connaître à fond les formes de l'administration et les mœurs du temps ; mais ces pièces sont extrêmement longues, en les abrégeant on n'en donnerait qu'une idée incomplète aux lecteurs, pour qui les vieux actes ont des attraits. Elles pourront trouver place parmi les pièces justificatives que nous nous réservons d'insérer à la suite de nos promenades, de même que certaines notes dont la lecture aurait ralenti la rapidité de notre exploration.

1re PROMENADE.

SOMMAIRE.

Notions préliminaires. — Agrandissement de la ville. — Navarin. — La Boulangerie de la Marine. — Quinconce de la porte de France. — Ancien cimetière. — Hospice de la Charité — Jardin botanique. — Jardin du Roi. — Camp retranché. — Parc d'artillerie. — Nouveau cimetière. — Usine du gaz. — Moulin à vapeur. — Champ de Mars. — Ancienne léproserie. — Porte et place d'Italie. — Caserne des Minimes. — La Magdeleine, maison de refuge. — Chapelle des Pénitens Noirs. — Chapelle des Pénitens Gris. — Place Saint-Jean ancienne place d'armes. — Mont-de-Piété. — École communale, ancien entrepôt. — Les Recolets. — Les frères de l'école chrétienne. — Fontaine de la rue des Pucelles. — Collège communal, ancien évêché. — Bibliothèque de la ville. — Caserne du grand couvent. — Caserne de la Visitation. — École communale supérieure. — Arsenal de terre. — Sœurs de l'évêché. — Nouveau palais de justice. — Le Cours. — Place au Foin, fontaine du Dauphin. — Hospice de la Miséricorde — Rue Glacière, Œuvre des prisons. — Palais de justice. — Place, église et fontaine Saint-Pierre. — Rues Neuve et du Bon-Pasteur, couvent. — Rue Saint Sébastien, chapelle des Pénitens bleus. — Rue Royale, hospice du Saint-Esprit. — Caserne des ouvriers artilleurs, ancien couvent des Carmes. — Impasse Saint-Joseph, ancienne caserne de gendarmerie — Fonderie de la marine. — Intendance, ancienne maison du roi. — Ancien piquet. — Place de l'Intendance. — Croix de mission. — Hôpital de la marine, ancien seminaire des jésuites. — Rue de la Comédie. — Salle de spectacle. — Hôpital militaire. — Caserne du jeu de paume. — Ancienne tuerie. — Souper des Lanternes. — Hôtel de la sous-préfecture. — Fontaine de la Pyramide. — Ancien couvent des PP. de la Merci. — Relation abrégée du siège de 1707.

Long temps avant que, par l'ordre d'Henri IV, on travaillât à l'agrandissement de Toulon, le besoin s'en était vivement fait sentir, et avait été le sujet de sollicitations réitérées de la part des habitans.

Déjà, en 1526, la communauté, à défaut d'argent, avait offert quatre mille journées d'ouvriers, pour contribuer au rétablissement et à l'extension des fortifications.

En 1530, lorsque François Ier eut abandonné le dessein qu'il avait formé de forcer les Toulonnais de transporter leurs habitations près de la grosse Tour, et d'y bâtir, ainsi, une nouvelle ville, il fut question d'élargir l'enceinte et d'entreprendre des ouvrages importans pour ajouter à la défense de la place : rien ne fut exécuté sous le règne de ce prince. Sous celui de son successeur, en 1552, le conseil général, composé des conseillers anciens et modernes, des adjoints et des chefs de famille, réuni par les ordres du comte Claude de Tende, grand sénéchal, gouverneur et lieutenant-général pour le roi en Provence, afin de délibérer sur les sacrifices que la cité s'imposerait pour concourir aux frais de construction de nouveaux murs, de nouveaux fossés, de nouveaux balouards, arrêta que la communauté prendrait l'engagement de payer, dans l'espace de cinq ans, la somme de dix mille livres tournois, pour l'exécution des travaux proposés, suivant la *pourtraiture* que le sieur de Saint-Rémy, ingénieur du roi, mettait sous les yeux du conseil. Cette délibération n'eut point de suite; les guerres intestines et étrangères qui désolaient le royaume absorbaient les finances de l'état. De 1580 à 1586, Henri d'Angoulême, fils naturel du roi Henri II, et d'une dame écossaise de la famille de Leviston, grand prieur de France, gouverneur de Provence, revint plusieurs fois sur le projet d'agrandir la ville et de l'entourer de bonnes fortifications. Les propositions qu'il fit à cet égard furent constamment accueillies par les habitans, mais ne furent probablement pas agréées par la cour, et la mort, qui l'enleva prématurément, suspendit les démarches que la communauté faisait de concert avec lui, afin d'obtenir un consentement indispensable, et l'autorisation nécessaire pour commencer les travaux. Enfin, les obstacles furent surmontés; les oppositions formées à l'agrandissement, à la fortification de la ville, au creusement et a l'enceinte de la Darse, par la jalousie de Marseille, par le mauvais vouloir des procureurs du pays, furent vaincues, et le 15 septembre 1589, Bernard de la Valette, duc d'Epernon, amiral de France et gouverneur de Provence, donna au capitaine Hubac l'entreprise du creusement d'un fossé de mille cannes de circuit, de onze de largeur et de deux de profondeur, au prix de trois livres dix sols la canne cube. La première pierre fut posée le 19 septembre. Au mois de novembre suivant, le même capitaine se chargea, à prix fait, de la construction des murailles, des six bastions, des courtines, des casemates, des deux portes; puis, en 1593, on commença à élever une citadelle du côté du couchant. Peu après on s'occupa de l'enceinte de la Darse, de son creusage et de l'établissement d'un arsenal maritime qui porta le nom de Parc royal.

On engloba dans la nouvelle enceinte une grande partie des maisons, jardins et vergers des huit Faubourgs, et l'on détruisit le surplus, ainsi que les anciennes fortifications. On ne conserva que deux portes pour entrer et sortir de la ville, du côté de la terre, les portes d'Amont et de Saint-Michel. Mais elles furent transportées, la première avec le nom de porte Notre-Dame, dans la rue de ce nom, actuellement rue Royale, à l'angle du passage qui conduit à la Fonderie, et à l'angle de la rue de l'Intendance; la seconde, appelée aujourd'hui porte d'Italie, à l'endroit ou elle était encore, il y a quelques années, sur une partie de l'emplacement qu'occupaient les bâtimens de l'hospice dit du Saint-Esprit-le-Vieux. Elle a porté jusqu'en 1789 le nom de porte Saint-Lazare.

Henri IV, au mois d'octobre 1595, par lettres patentes datées de Lyon, octroya à la communauté, de sa certaine science, pleine puissance et autorité royale et *provençale*, la faculté de faire faire une ou plusieurs rues dans la Darse ou au port dudit Toulon, pour y bâtir et construire maisons le long d'icelles, à la réserve d'une place du côté du ponant pour bâtir un arsenal, et d'une autre pour la construction des vaisseaux. Les murs de soutenement du quai ne furent commencés qu'en 1610. Tous ces travaux exigèrent de longues années, et des dépenses énormes (1), pour être conduits à leur perfection. Ils étaient à peine achevés, quand Louis XIV, ce prince à vastes conceptions, à grandes idées, résolut de faire de l'arsenal de Toulon un monument digne de sa magnificence. La création d'un port exclusivement réservé au service de la marine royale nécessita un nouvel agrandissement de la ville, et un accroissement de fortifications. Vauban, qui n'était encore que maréchal de camp, en dressa le plan. Il fallût abattre toute la partie de la muraille et des bastions qui, de l'extrémité du bastion de la Fonderie, allaient aboutir à la mer par un contour qui renfermait les deux tiers de la place, dite aujourd'hui du champ de Bataille. On combla les fossés, pour en ouvrir d'autres, les terrains indispensables à cette extension d'enceinte furent achetés et payés par le roi, d'après l'estimation qui en fut faite, cent cinq à cent six mille francs (105,678 fr. 4 s. 8 d.), et sous peu, l'enceinte de la ville fut telle que nous la voyons maintenant.

Après ces notions préliminaires qui, j'aime à le penser, ne vous auront point paru déplacées, nous nous mettrons en course, mon cher Albert ; mais, permettez-moi de vous diriger dans vos explorations. Examinons, avant tout, les dehors de la ville : je ne laisserai rien échapper de ce qui me semblera digne de mériter votre attention. J'entrerai même dans des détails qui pa-

---

(1) La ville de ses deniers dépensa au delà de 350,000 fr.

raîtraient trop minutieux à tout autre qu'à vous, dont l'intention est de connaître à fond la ville où ont vécu vos ayeux.

Le pont sur lequel nous passons traverse l'ancien lit de la rivière de Las, toujours à sec, excepté après les longues pluies ou les orages; il vient d'être restauré et rélargi tant pour la commodité du roulage que pour le mettre en harmonie avec la largeur de la route.

Sur la rive droite du torrent, dans de misérables cabanes bâties de leurs mains, logent de nombreuses familles d'ouvriers gagnant trop peu pour payer un loyer dans les maisons de jolie apparence qui s'élèvent journellement le long du grand chemin; l'agglomération de ces cases malsaines se nomme Navarin, parceque les premières ont été fabriquées à l'époque de l'expédition dont, sous ce nom, l'histoire transmettra le souvenir à la postérité.

Une continuité d'habitations, de jardins, de magasins d'entrepôt, de guinguettes, nous conduit sur une place triangulaire qu'ombragent plusieurs allées de platanes, le terrein en fut acquis par la ville en 1750, pour servir à l'exercice des troupes de la garnison. Le génie militaire s'en est emparé, et l'administration des ponts et chaussées vient de le couper pour le redressement de la grande route. Le mur qui borne cette place, du côté du nord, est la clôture d'un cimetière abandonné depuis dix ans. La ville l'avait fait construire en 1709, en même temps qu'elle en avait acheté le sol (1), pour le service d'une seconde paroisse. Tout près de ce cimetière, les PP. Récolets, malgré l'opposition de la communauté à leur établissement dans la ville et son territoire, étaient parvenus, protégés par l'évêque, à s'installer, conventuellement, dans une maison particulière. Ils célébraient l'office divin dans une chapelle dédiée à St.-Roch, attenante au glacis de la porte Royale. La maison qu'ils occupaient et la chapelle ont été détruites aux approches du siège de 1707. La corporation des artisans qui avait fait construire la chapelle, en fit édifier une nouvelle, en 1714, près du pont de Trulet, sur le chemin des Moulins; vendue nationalement, elle sert aujourd'hui de remise ou de magasin.

Le grand bâtiment que vous appercevez à votre droite et qui n'est séparé des murs de la ville que par un canal navigable qui communique à la mer, est la boulangerie de la marine, commencée en 1699, dans la courtine près du bastion, dans lequel est renfermée aujourd'hui la direction d'artillerie de Marine; elle est bâtie sur l'emplacement d'une ancienne chapelle appelée Notre-Dame-d'Entre-Vignes, et de quelques constructions adjacentes, première demeure des capucins appelés à Toulon en 1588, et où ils résidèrent jusqu'en 1606, époque où un local leur fut donné dans l'intérieur de la ville.

---

(1) L'acte d'achat est du 9 mars.

Laissons de côté la Porte-Royale ou de France, nous y passerons tantôt pour regagner la maison. Suivons la *Lice* et le glacis au bord desquels on essaye de former une promenade, par la plantation d'arbres de différente essence.

Le vaste corps de logis qu'agrandissent deux pavillons situés dans l'enclos dont nous touchons la muraille, est l'hospice de la Charité. Cette maison consacrée à la vieillesse indigente et aux pauvres orphelins doit sa fondation à l'abbé Gautier, fils d'un conseiller au parlement d'Aix, prieur et seigneur temporel de la Valette, qui, par son testament du 4 novembre 1677, légua pour l'institution de cette œuvre pie, la somme de 57,000 livres. Le 1er mai 1679 les premiers pauvres appelés à jouir des bienfaits du fondateur furent conduits processionnellement et installés provisoirement dans la chapelle Saint-Roch, appropriée à leur usage. L'évêque de Toulon, messire Jean de Vintimille du Luc, présida à cette cérémonie, à laquelle assistaient les autorités civiles et militaires, le corps municipal ayant les consuls en chaperon à sa tête, et, à sa suite, une foule innombrable de citoyens de tout état. Le sieur Pierre Meisonier, bourgeois de Toulon, institua son héritier, l'établissement naissant, par acte du 30 septembre 1681. Honneur à ces hommes généreux, honneur à des actions qui les immortalisent, par l'influence qu'elles exercèrent sur leurs contemporains, par la noble ambition de les imiter qu'elles doivent inspirer à ceux qui les entendent raconter.

C'est au zèle infatigable, à la bienfaisance sans bornes de messire Louis Armand Bonnin de Chalucet, successeur de M. de Vintimille que l'on est redevable de la confection de l'édifice tel qu'il se présente à vos yeux; il fut commencé aux frais de ce digne prélat, en 1688, des personnes charitables versèrent d'abondantes aumônes, et la ville y contribua pour six mille livres en sus d'une somme de cent pistoles d'or, qu'elle donna pour subvenir aux besoins urgens des pauvres vieillards. Enfin, indépendamment des dons qu'il ne cessa de faire pendant sa vie à l'hospice de la Charité, M. de Chalucet, par son testament du 9 juillet 1712, lui laissa des biens évalués 40,000 écus. (1).

L'intérieur de l'édifice est bien distribué, deux beaux et larges escaliers conduisent aux dortoirs, vastes salles bien aérées et d'une propreté presque recherchée. Le réfectoire et les pièces communes ne laissent rien à désirer. Les cellules des sœurs sont décentes. La lingerie fait plaisir à voir par l'ordre qui y règne. Dans la salle du conseil, pièce en tous points convenable à sa destination, on voyait autrefois les portraits des divers et nombreux bienfaiteurs de la maison, tous ont été détruits par le malheur des temps. On y apperçoit cependant celui de M. de Chalucet, mauvaise copie, faite il y a une trentaine d'années, d'un tableau existant

---

(1) Dans un registre déposé aux archives de la mairie, on lit que la part de l'hospice dans la succession de M de Chalucet est estimée environ deux cent mille livres.

chez un particulier de la ville. Les sœurs conservent et montrent avec un saint respect, la mitre et les pantoufles du vénérable prélat.

Dans la même salle, sur un marbre que des fanatiques ont brisé, on lisait, gravée en lettres d'or, l'inscription latine que voici :

ARMANDO-LUDOVICO-BONNIN
DE CHALUCET
EPISCOPO TOLONENSI
QUOD DOMUM HANC ÆDIFICAVIT ;
INTACTAM URBE OBSESSA SERVAVIT ;
PAUPERES AD CHRISTI DOCTRINAM INSTITUIT ;
AD ARTES UTILES ADMOVIT ;
FRUMENTO NECESSARIO JUVIT ;
ET NE IN POSTERUM ANNONA DEFICERET,
SOLLICITUDINE ET MAGNIFICENTIA SUA
ABUNDE PROVIDIT,
CONSULES ET MODERATORES MONUMENTUM
P. P.
ANNO M. DCC. XII.

Une vaste cour ombragée par quelques arbres séculaires règne devant les bâtimens et domine sur un grand potager d'un facile arrosage, où, sous un long bosquet de noisetiers, on trouve un abri contre l'ardeur du soleil ; à côté de la porte d'entrée est bâtie une chapelle entretenue proprement, et fraîchement décorée, les commensaux de la maison y assistent à l'office divin dans une tribune qui leur est exclusivement réservée, et les habitans des bastides environnantes y pénètrent par une porte extérieure ouverte sur la ruelle qui mène au camp retranché et aux quartiers supérieurs.

Tous les bâtimens ont été sur le point d'être détruits à l'époque du siège de 1707, les instances de l'évêque jointes à celles du corps municipal et aux observations du comte de Grignan, lieutenant-général et commandant en Provence en l'absence du duc de Vendôme, suspendirent l'exécution des ordres du marquis de Saint Pater, commandant supérieur de la place. L'édifice courut le même danger en 1793, tous les habitans furent obligés de l'évacuer; pendant trois années il fut employé au service des administrations militaires, et les pauvres n'y furent réintégrés que le 12 vendémiaire an V. (3 octobre 1796). Depuis ce jour qui fut fêté par la population, l'hospice de la Charité a reçu plusieurs améliorations, et n'a qu'à se louer du dévouement des sœurs de la Sagesse qui en ont la direction, et du zéle des administrateurs toujours choisis parmi les plus honorabless citoyens (1).

Les individus admis à l'hospice de la Charité

---

(1) En ce choix, on suit l'usage immémorialement observé dans la cité. Chaque année on pourvoyait au moment des élections générales aux charges de la communauté, à l'administration du bien des pauvres, le soin en était confié à un personnage marquant sur la probité et le désintéressement duquel il n'y avait qu'une voix : « et aquest n'an a remunération de la vila ; mas, si fay ben son dover et garda et serra son sagrament, l'avra de Dieu et de sa mayre et de tota sa cort, car obra meritoria es, et als melhos homes de la vila se deu donnar aytal carga, coma si fa en las bonas vilas ». (Règles observées pour les élections, livre rouge, folio 70 verso).

y étaient employés autrefois au tissage des toiles, à la fabrication d'étoffes et autres objets, tels que pinchinas, cadis, cordeillats, bas et bonnets de laine; indépendamment du profit qu'en retirait la maison, ces travaux avaient l'avantage d'apprendre un métier aux jeunes gens, de ne pas les laisser croupir dans une oisiveté aussi dangereuse pour les mœurs que nuisible à la santé, et de procurer à tous les travailleurs suivant leur force, une distraction salutaire d'autant plus attrayante que le salaire qui leur était attribué, quelque modique qu'il fut, les mettait à même de se donner quelques douceurs. Il est fâcheux pour les hommes et surtout pour les garçons que l'administration se soit crue dans la nécessité de supprimer ces manufactures, sans en substituer d'autres, et que les filles seules soient façonnées aux ouvrages de leur sexe.

Séparé par un simple mur du potager et des bâtimens de l'hospice à qui le sol appartient, institué par l'administration de la marine, pour un cours que suivent tous les ans, sous de doctes professeurs, les élèves en médecine, le Jardin botanique est visité par tous les étrangers amateurs de cette branche de l'histoire naturelle. Entrons-y; le modeste et savant Directeur, praticien aussi habile que théoricien distingué, satisfera avec une extrême complaisance à toutes vos questions. Il vous dira que le premier établissement de ce genre fut fondé à Toulon avant 1760, qu'il fut d'abord situé au quartier de Saint-Roch dans une propriété particulière occupée depuis par le pensionnat de M. Dubarret; qu'en 1784 il fut transféré dans le jardin du séminaire des ex-jésuites destiné à devenir un hôpital pour les marins, où les malades ont été admis en 1785 ; — que bientôt ce local fut reconnu insuffisant et que, graces à la sollicitude de M. Malouet, intendant de la marine, le ministre, pour donner plus d'extension à la culture, accorda, en 1788, l'autorisation de louer le terrein où nous nous trouvons en ce moment.

Parmi les plantes, les arbres, les arbustes dont le directeur a enrichi ce jardin, qu'il a créé pour ainsi dire, en commençant à y travailler sous les ordres de M. Martin, il vous fera remarquer plusieurs espèces de beaux palmiers qui croissent, fleurissent et fructifient comme dans leur pays natal, quatre beaux pieds de datier male et femelle, plusieurs lataniers males et femelles donnant chaque année des régimes de fruits en parfaite maturité, diverses espèces d'orangers se couvrant annuellement de fleurs et de fruits, quantité de beaux arbres de l'Amérique septentrionale, comme il n'en existe pas en France, des noyers pacaniers d'une élévation de 20 à 25 mètres, des arbustes originaires du Japon, plusieurs *diosphoros virginiana* et un *annonna tribola* produisant les uns et les autres des fruits qui sont goutés et estimés par beaucoup de personnes; il vous fera arrêter auprès d'un cyprès chauve pour en admirer le port majestueux : la hauteur de ce cyprès est de 27 à 28 mètres, sa circonférence à sa base est de 4 mètres. Cet arbre provient d'une bouture faite par lui il y a 44 ans. Enfin, soit dans les serres soit dans les planches, il vous montrera à chaque pas des productions que l'on ne cesse qu'à regret de contempler. Quand nous quitterons ce disciple de Jussieu et de Desfontaines, vous serez aussi enchanté du goût qui a présidé à la distribution de notre jardin botanique que des connaissances de celui qui y consacre tous les instans de sa vie, et vous ne serez pas étonné d'apprendre, ce qu'il ne vous dira pas lui-même, que ses travaux et ses utiles découvertes ont mérité l'approbation des sociétés royales d'horticulture et d'agriculture qui lui ont plusieurs fois décerné des médailles en témoignage de leur satisfaction.

Une rapide et unique visite ne suffit pas pour se faire une idée de tout ce que ce jardin renferme d'intéressant. Nous y reviendrons, nous y passerons un jour entier, en nous reposant de temps en temps sur l'un de ces bancs placés symétriquement auprès de la fontaine rustique. Le murmure d'une eau limpide qui s'échappe en cascades de ces rocailles entassées avec un art imitant la nature, la variété, la forme du feuillage des plantes diverses qui couvrent et entourent ce faux rocher, l'ombrage de ces grands arbres autour du tronc desquels serpentent en guirlandes de fleurs divers rameaux flexibles, invitent à la plus douce rêverie, et prêtent un charme de plus aux conversations intimes.

L'enclos qui suit, où ces hauts et touffus maronniers entretiennent une verdure perpétuelle, était autrefois une propriété domaniale, le nom de Jardin du Roi, par lequel on le désigne encore, indique son origine, un officier supérieur de l'administration de la marine en avait la jouissance ainsi que du grand batiment qui est au fond : les ambassadeurs de la Porte Ottomane qui devaient faire quelque séjour à Toulon y logeaient avec leur suite. C'est ainsi qu'y résida en 1741 Saïd Méhemet Pacha begler-bey de Romélie, ambassadeur extraordinaire du sultan Mahmoud (Mahomet V).

Ce jardin et ses dépendances sont devenus propriété particulière. Le tout est tenu en location par une dame qui dirige sur un bon pied un pensionnat d'éducation pour de jeunes demoiselles.

La grande route qui fait le tour des fortifications pourrait être interceptée, si l'on fermait d'une barrière la porte laissée ouverte dans la muraille crenelée que l'on vient d'achever, laquelle liant le camp retranché à la contrescarpe, en coupant perpendiculairement le glacis, aboutit au fossé de la place, à l'endroit même où les canaux qui conduisent les eaux pour l'arrosage et le service des fontaines pénétrent dans la ville.

Le camp retranché vaste polygone ou plus de dix mille hommes peuvent camper, a été fait et mis en état de défense à l'époque du siège de 1707, par la prévoyance et les ordres du comte de Grignan, lieutenant-général et commandant en Provence qui, à l'âge de soixante-et-quinze ans conservait dans un corps qui semblait devoir être usé par de longs services, la force d'esprit, la fermeté de caractère et la vigueur d'un homme de quarante. Les Toulonnais de toutes classes se distinguèrent dans cette occasion par l'ardeur qu'ils mirent à l'exécution de cette grande entreprise à laquelle concoururent plusieurs milliers d'ouvriers requis dans les villages voisins. Dans l'enceinte du camp retranché où il serait aussi avantageux pour la ville que pour les habitans d'obtenir la permission de bâtir, existait une chapelle vénérée sous le vocable de Sainte-Anne qui donne le nom au quartier. D'ici vous en appercevez les vestiges. La population attirée par la dévotion ou le plaisir s'y rassemblait les jours de fête, tandis que les fossés du côté du nord étaient le théâtre où, entrainés souvent par un faux point d'honneur, de braves militaires exposaient leur vie, l'espoir de leurs familles, aux chances d'un combat singulier.

Voyez un peu à votre gauche ces longs magasins couverts par ces toits surbaissés, ils font partie d'un immense parc d'artillerie établi depuis la conquête d'Alger (1). Là sont symétriquement entassés des projectiles de tout calibre, là sont alignées des bouches à feu de toute espèce que n'a pu contenir l'arsenal de

---

(1) Élevé en 1831 sur un emplacement acheté par le génie en 1822.

terre. Ce local renferme en outre une énorme quantité d'instrumens, d'outils, de machines pour le service de la guerre.

Cette allée bordée de chaque côté par un triple rang de cyprès conduit au champ du repos. Son éloignement des murs de la ville était sollicité depuis long-temps, on n'est parvenu qu'en 1829, et après de pénibles et couteuses démarches, à l'établir en ce lieu. L'opposition du génie militaire à ce que l'on n'y fasse aucune construction excédant une hauteur fixée par les chefs de ce corps, est cause que l'on n'y voit point de monument très remarquable par son décor ou son architecture ; de simples tablettes en pierre ou en marbre, couchées par terre ou appliquées contre les murailles portent le nom des défunts plus ou moins illustres dont elles couvrent les cendres. Quelques unes sont placées au dessus de caveaux qui attendent les membres d'une même famille. Il est cependant quelques mausolées qui sont hors ligne par une élégance, une légèreté, qui aux yeux de personnes austères sembleraient peut-être déplacées. Deux seulement ont un caractère plus sévère, plus monumental, ils sont consacrés à la mémoire de deux victimes, l'une sacrifiée par jugement pour cause d'opinion politique et de démarches inconsidérées; l'autre frappée par une balle assassine. Au milieu des quatre grands carrés entourés de cyprès où l'on creuse les fosses communes, un piédestal en pierre, élevé sur deux dégrés, supporte une grande croix de bois peint en rouge, qui fait demander ce qu'est devenue la belle croix de marbre qui de l'enclos du couvent des pères de la Merci avait été transportée en 1718 dans le cimetière que l'on a abandonné pour celui-ci.

La colonne de fumée qui s'élance dans les airs, et sort de cette cheminée, qui, par sa hauteur, ressemble à une pyramide quadrangulaire, annonce l'existence d'une usine où l'on fait emploi du charbon de terre. C'est un établissement tout récent commencé en 1838 pour la fabrication et l'épurement du gaz destiné à l'alimentation de deux cent soixante-dix à deux cent quatre-vingt becs qui, depuis le 1er juillet 1839, jettent des flots de lumière dans toutes les rues de la cité; ce mode d'éclairage s'introduisant insensiblement dans tous les magasins doublera l'éclat dont ils brillent, et payera amplement l'intérêt des capitaux énormes que son installation a couté à la compagnie qui en a l'entreprise.

A peu de distance de cet établissement vous en appercevez un autre non moins utile, dans une contrée où pendant l'été la difficulté de moudre se fait trop souvent sentir : c'est un moulin à farine mu par la vapeur dont l'activité sera aussi profitable à l'habile propriétaire qui l'a fait construire, qu'avantageux pour la trituration des blés consommés dans la ville et les environs.

La place qui suit, entourée d'un double rang de platanes et qui touche à l'avancée de la Porte d'Italie, se nomme le Champ de Mars. Cet emplacement faisait partie d'un terrain appelé le Camp Gerin lorsque la ville en fit l'achat en 1752 pour l'exercice des troupes de la garnison, celui situé près de la Porte de France ayant été trouvé trop petit. Il a couté à la ville sept mille cent cinquante livres en principal, et elle en a dépensé au moins autant, soit pour le faire applanir, soit pour plantation d'arbres et pose de bancs en pierre pour l'agrément et la commodité des promeneurs.

C'est sur cette place que des farouches proconsuls ont exercé leurs fureurs, ont assouvi la rage des énergumenes qui désignaient les victimes; c'est là qu'ont péri sous le feu de la mitraille huit cents malheureux dont le plus grand nombre n'avait à se reprocher que son séjour dans une ville, coupable sans doute, mais peut-être excusable par les circonstances qui l'avaient entrainée dans l'abîme, si, dans les discordes civiles, les vainqueurs n'abusaient pas toujours de leur victoire, si l'esprit de parti savait pardonner (1).

Le Champ de Mars est limité au levant par la grande route d'Italie. De l'autre côté de la route était le cimetière en partie enfoui depuis dix ans sous le talus du glacis, cimetière où la vanité dédaignait une place que réclamait l'humilité chrétienne. M. Claude de Talaru, marquis de Chalmazel, commandant de la ville de-

---

(1) Ignoscenda quidem, scirent et ignoscere.... *Partes.*

puis 1698, y a été enterré en 1716, messire de Lascaris de Vintimille, l'avant dernier évêque de Toulon en 1786. A l'angle de ce cimetière et au commencement de l'avenue qui conduisait à l'ancienne leproserie de Saint-Lazare, cédée en 1646 au PP. de la Merci et détruite en 1707, une croix plantée en 1718, à la clôture d'une mission, a subsisté jusqu'au moment où les signes extérieurs de la religion furent proscrits et abattus par des mains sacrilèges. Cette croix rappelait par son nom et par sa position que la dévotion et la charité de nos pères avaient ouvert tout près de là un asyle à l'humanité souffrante. Près de cette croix et entre les deux oratoires que l'on voyait devant la léproserie, une fontaine avait été érigée en 1664 pour l'usage des religieux et des passans.

Nous allons maintenant pénétrer dans la ville par la porte devant laquelle nous nous trouvons : elle s'appelait porte de St-Lazare avant 1789, et, pendant les premières années de la révolution, elle a porté successivement les noms de Mirabeau, de Lepelletier, qu'elle a quittés pour prendre définitivement celui d'Italie qui lui est commun avec la place intérieure à la quelle elle donne entrée. Son abord est extérieurement défendu par des ouvrages d'art qui font honneur au génie militaire : sur sa longue et épaisse voute on remarque un bâtiment élégant et commode, dans lequel le directeur des fortifications fait sa demeure et tient ses bureaux. De chaque côté de la porte on a construit des casemates à l'abri de la bombe, susceptibles d'être habitées par quatre cents militaires. Elle offre avec ces casemates séparées de la place d'Italie, par une longue grille en fer, un ensemble régulier, qui fait regretter que la place ne soit pas assez étendue pour que l'on puisse jouir de tout son développement. Le logement du directeur et les casemates, les réparations faites à la façade de la porte datent de la Restauration ; le massif de la porte elle-même a été construit peu d'années avant la révolution (en 1788); elle était ouverte auparavant dans l'angle nord-est de la place, et touchait presque aux murs d'un couvent de Bernardines, fondé en 1635. Les religieuses qui l'habitaient ont été transférées, en 1765, à Cuers, petite ville à 18 kilomètres de Toulon, et leur couvent a été démoli, parceque sa proximité des murailles de la ville nuisait au perfectionnement ou au complément de la fortification. Il ne reste de souvenir de ce couvent que dans le nom de Saint-Bernard que conserve un emplacement exigu décoré du nom de place.

La place d'Italie constamment encombrée par les charettes des pourvoyeurs aux approvisionnemens de la ville, et par une quantité de voitures publiques arrivant et partant à toute heure du jour, est bordée de logis et d'auberges de plus ou moins d'apparence; son milieu est orné d'une fontaine, dont l'eau jaillissante dans une cuvette supérieure retombe en cascade dans une seconde, et de celle-ci, par quatre, jets dans un abreuvoir circulaire. Du côté de midi deux rues y aboutissent, l'une longeant les maisons adossées aux remparts est la rue St.-Cyprien (1).

La seconde qu'il est prescrit aux voitures chargées de suivre pour arriver sur le port, est la rue des Gars. Dans la première de ces rues la ville fit en 1611 l'acquisition de maisons et de terrains considérables pour placer les religieux Minimes ; elle fit de fortes dépenses pour la construction du couvent et de l'église qui sans être très grande était de bon goût, décorée de quelques tableaux estimés et dans laquelle plusieurs familles distinguées avaient choisi leur sépulture.

Le père Isnard Minime, auteur d'une chronique sur Toulon, qui n'a point été imprimée et dont le volumineux manuscrit est entre les mains des membres de sa famille, a vécu long-temps dans cette maison. On lisait, avant la révolution, gravée sur une table de pierre scellée dans la muraille du cloître qui subsiste encore, une inscription latine consacrée au souvenir de la peste, qui dépeupla la ville en 1721, et à la mémoire de ceux qui succombèrent, ou qui, échappés au fléau destructeur, ont, par le dévouement dont ils donnèrent des preuves, des droits sacrés à la reconnaissance publique.

Devant l'ancienne porte de l'église des Minimes est une petite place carrée, que la ville

---

(1) Un tableau inséré à la suite de la description de la ville, indiquera les tenans et les aboutissans de chaque rue, et autant que nous aurons pu le recueillir authentiquement les différens noms qu'elles ont porté avant et depuis 1789.

a obtenu l'autorisation de substituer à une autre nommée de Panisse qu'elle acheta et dont elle revendit le sol pour bâtir des maisons. Au milieu de cette place, dite aujourd'hui d'Iéna, une fontaine dont l'eau alimente un lavoir public remplace une croix en pierre accompagnée de sculptures représentant les mystères de la passion. Le couvent a été converti en caserne pour les troupes de la marine, on n'a presque rien changé aux façades des différens corps de logis, que précède une cour ombragée par de beaux arbres et dont la porte a en perspective, au bout de la rue Laminois, une fontaine nouvellement bâtie sur un des côtés du Cours, laquelle produit de là un effet agréable. Derrière la caserne, un peu enfoncé dans le bastion, est un magasin à poudre, sa position excite la juste sollicitude des habitans du quartier : jadis on y a vu une chapelle dédiée à Saint-Jean. L'église des Minimes est devenue une propriété particulière. Le possesseur a fait élever sur ses ruines une belle maison et des ateliers pour une tannerie.

Les premières tentatives pour la formation d'un club à Toulon, se firent dans cette église le 12 juillet 1789. Les individus qui s'y étaient rassemblés en grand nombre, furent dispersés par la troupe de ligne d'après les ordres de M. de Bethisy, commandant de la place. Ce fut dans ce même lieu que s'organisèrent, le 23 juillet 1793, les sections, dont les chefs culbutèrent la faction jacobine, s'emparèrent de l'administration de la cité, et déterminèrent la majeure partie des habitans à ne plus reconnaître l'autorité de la Convention.

Pendant le siège de 1707 le marquis de Saint-Pater, fit démolir les étages supérieurs du couvent des Minimes et de celui des Bernardines, jusqu'au niveau du chemin couvert des remparts, il fit étayer et disposer les planchers inférieurs de manière à pouvoir supporter des pièces de campagne, faible ressource à opposer aux ennemis, s'ils étaient parvenus à se montrer en maîtres sur les fortifications.

Sur la place d'Italie deux autres rues tirant au couchant vous conduiront sur le cours, mon cher Albert, celle à votre droite se nomme du champ de Mars, l'autre, rue Sainte-Croix. Presque au milieu de la rue du champ de Mars, côté nord, messire Pierre Desparra, prévôt de la cathédrale fit bâtir une chapelle dédiée à la Magdelaine, et un couvent pour recevoir les filles de mauvaise vie, condamnées à la réclusion par autorité de justice, ou celles qui, touchées d'un véritable repentir, demanderaient à s'y renfermer volontairement Cet établissement ouvert le 25 février 1683, autorisé deux ans après par lettres patentes du roi, a subsisté, en subissant toutefois diverses variations dans ses réglemens, jusqu'en 1753. La maison devennue vacante servit succesivement de magasin aux munitionna'res, et d'habitation aux frères des écoles Chrétiennes; ceux-ci qui avaient, en 1758, traité avec la ville, pour l'instruction gratuite a donner aux enfans des classes peu aisées de la société s'y installèrent sans titres, sans remplir aucune formalité, et y ouvrirent leur école le 1ᵉʳ janvier 1759. Le défaut de réparations et les dégradations journalières réduisirent la maison à un état voisin de la ruine.

Le procureur général requit le déguerpissement des frères et la vente des biens meubles du couvent, il obtint du parlement, un arrêt conforme à ses conclusions. Le refuge fut supprimé par lettres patentes du mois d'octobre 1770, et le produit de la vente de ses biens qui excéda 40,000 francs, fut attribué et donné à l'hospice de Saint-Esprit, à charge de compter à l'hospice de la Charité, la somme de 10,000 francs, et celle de 4000 au refuge d'Aix, devenu depuis longtemps maison de force pour toute la province.

A l'extrêmité ouest de la rue Sainte-Croix, qui n'était encore qu'un impasse du côté de la place d'Italie en 1672, une confrérie de Pénitens Noirs, ou de Disciplinaires de la Croix, avait fait bâtir aux frais de ses membres en 1564, année de son institution, dans un coin du cimetière général, une chapelle à l'érection de laquelle la communauté contribua pour une somme de 600 francs. Cette chapelle a été vendue en 1786 pour payer les dettes de la confrérie.

Entre la rue de la Croix et la place Saint-Michel, d'où, par une rue droite dite des Minimes, on parvient à la place d'Iena, à laquelle aboutissent quatre à cinq autres rues bien alignées, mais trop étroites, ayant accès sur le port, on voyait avant la révolution une chapelle construite en 1755, par une nouvelle confrérie de Pénitens Gris, qui avait fait revivre celle, qui fondée en 1591, s'était éteinte par suite de mésintelligence entre ses membres. Cette confrérie qui se vouait spécialement à ensevelir les morts a été supprimée comme les autres en 1790, et sa chapelle a fait place a de belles maisons, a de jolies boutiques.

Si nous descendons le cours nous arriverons sur la place Saint-Jean qui, avant l'agrandissement de la ville par Louis XIV, servait de place d'Armes, et en portait le nom. Sur le côté Est de cette place sont deux établissemens publics, l'un est le Mont-de-Piété, dont la création projetée en 1804, n'a été réalisée qu'en 1821. Les bureaux et salles d'entrepôts furent placés dans une maison que l'administration prit à louage des hoirs Burgues de Missiessy et qu'elle à acheté en 1829. Les premiers fonds nécessaires à la fondation du Mont-de-Piété ont été faits par voie d'emprunt auquel se sont empressés de souscrire d'estimables citoyens qui ont fait don d'une partie du principal, la ville l'a doté depuis d'une somme de cent mille francs. Les malheureux doivent à leurs magistrats le bienfait de n'être plus exposés à devenir la proie d'usuriers rapaces, dont certains, continuant dans l'ombre leur indigne métier, ont été encore pendant quelques années signalés à la vigilance de l'autorité (1).

L'autre établissement public est l'école communale primaire élémentaire. Elle occupe le premier et le second étages de ce bâtiment qui fait l'angle de la place et de la continuation de la rue d'Orléans. Cet édifice destiné primitivement à servir, au rez-de-chaussée d'entrepôt pour les eaux-de-vie, et au-dessus de magasins à blé, a été bâti en 1773, sur un terrein acquis de M. de Chabert par la communauté.

Un bassin lavoir remplace depuis une dixaine d'années la fontaine, inaugurée le jour où 101 coups de canon annoncèrent la naissance du roi de Rome, dont l'eau sortait d'un vase d'une forme élancée. Ce vase resté sans emploi a été donné par la ville à la commune du Revest et décore la fontaine située devant l'antique église de ce village.

En traversant la place Saint-Jean, vous avez une échappée de vue sur le port et son quai, demain nous leur rendrons visite.

L'église devant le portail de laquelle nous passons est une des deux succursales sous le voca-

---

(1) Une institution non moins intéressante pour la classe peu aisée et imprévoyante, une caisse d'épargnes, a été fondée à Toulon en 1832. L'ordonnance qui l'autorise est du 14 septembre. L'administration gratuite en est confiée à quinze notables citoyens dont trois conseillers municipaux. Cette institution prospère : il a été déposé à la caisse depuis le 1er décembre 1832, jour de son ouverture, jusqu'au 31 décembre 1839, la somme de 6,768,783, il n'a été retiré dans ce laps de temps que 3,575,006, elle avait donc en dépôt le premier janvier 1840, 2,993,777 francs.

ble de Saint-François-de-Paule. Sa façade dorique est à angles curvilignes, légérement sortant et rentrant. La porte s'ouvre au-dessus de sept marches entre deux colonnes doriques et un entablement convexe qui supporte une niche, dans laquelle est placée la statue du St.-Patron, deux vastes fenêtres à vitraux blancs accompagnent la porte. Huit colonnes doriques réunies deux à deux par leurs piédestaux, surmontées au-dessus de leur entablement, et entre les balustres des tribunes, par autant de colonnes Ioniques, soutiennent le plafond et constituent la grande nef. Le chœur de même largeur que la nef, mais un peu plus élevé, a pour plafond une coupole surbaissée d'un joli effet. L'autel est remarquable par le veiné de ses marbres de diverses couleurs, par une Gloire, en marbre environnée de belles têtes d'anges. Au-dessus de l'autel est un tableau estimé de Michel Serre ou Deserre, représentant la nativité de Saint-Jean-Baptiste.

Les nefs latérales sont couvertes par les tribunes : des pilastres entre lesquels sont enclavés, des autels répondent aux colonnes de la grande nef. Parmi les tableaux attachés aux parois de cette église, il en est deux qui méritent d'être examinés ; l'un est une bonne copie d'un Saint-François-de-Paule ; l'autre un tableau de l'Assomption de la Vierge, d'un assez bon maître, horriblement dégradé, et tout-à-fait perdu, que le pinceau de M. Josseran vient de faire revivre avec une habileté qui fait honneur à son talent.

L'église de Saint-François-de-Paule, à 36 mètres de longueur, sur 25 de largeur, elle a été bâtie au milieu du siècle dernier par les PP. Récolets, dont le couvent attenant est occupé par les frères de la doctrine Chrétienne, qui y tiennent une école, comptée parmi les écoles communales, à raison de la subvention que leur accorde la ville, pour l'entretien d'un plus grand nombre de frères, et la location d'une autre maison pour une école.

La rue qui touche l'école des Frères a changé son nom de rue des Pucelles, contre celui de rue de Bons-Frères, parceque le premier prêtait a des plaisanteries, dont les oreilles de pudiques matrones étaient par fois offensées. A peu près au centre de cette rue qui mène à la place à l'Huile, dans un enfoncement formé par le recul d'une ou deux maisons, sur un piédestal d'ou sort une eau limpide qui tombe dans un bassin elliptique, est posée une statue en marbre blanc, elle représente une jeune femme dont les formes et la pose sont aussi nobles que gracieuses. Cette statue due a un ciseau exercé, une des quatre que l'on admirait autour du tombeau du comte de Valbelle, dans l'église de la Chartreuse de Mont-Vieux, a été donnée à la ville en 1821, par un ami des arts, M. Chevalier, préfet du Var.

La rue que nous laissons à notre gauche est la Cathédrale, le bâtiment qui se trouve entre cette rue et celle des Prêcheurs qui vient après est le Collége communal. C'était avant la révolution le palais Épiscopal, qu'avait fait réparer et embellir le dernier évêque, messire Elleon de Castellane Mazanguet, et où il se trouvait entouré de plusieurs membres de sa famille, le 23 mars 1789, jour de deuil pour Toulon, triste présage de journées plus déplorables encore, lorsque des furieux, après s'être portés a des excès coupables envers cet hommes respectable, exhalant contre lui de sinistres imprécations, se bornèrent cependant à se saisir de sa voiture, qu'ils coururent en hurlant leur criminel triomphe, précipiter dans la mer.

L'évêque de Toulon, n'ayant pas cru devoir se soumettre, au serment prescrit par la constitution, abandonna son diocèse, et fut dans la retraite chercher un abri contre la persécution. L'évêché de Toulon, n'ayant pas d'ailleurs été conservé dans la nouvelle circonscription, le palais Épiscopal fut livré au directoire du district pour y tenir ses séances et placer ses bureaux. Lors de l'entrée de l'armée républicaine, après le siège de 1793, le district fut transféré au Bausset, les appartemens qu'il occupait servirent à loger des officiers généraux et d'autres personnages. Le district rétabli à Toulon par arrêté du représentant du peuple Mariette, en date du 13 ventose, an III (3 mars 1795), les administrateurs s'y réinstallèrent. A la création des sous-préfectures, le sous-préfet et ses bureaux en occupérent une partie, l'autre le fut par l'école centrale. La totalité fut cédée à la ville par le gouvernement en 1803. A l'école centrale succéda un collége, et l'Université réclama l'abandon, la propriété du local et l'obtint en 1810. Depuis ce temps dans cet établissement, dont tous les professeurs sont payés par elle, dans cet édifice, dont l'entretien et toutes les réparations sont à sa charge, la ville ne jouit, par tolérance, que d'une assez longue galerie et de deux autres salles pour sa bibliothèque communale.

L'entrée de la bibliothèque communale se trouve dans la rue des Prêcheurs, on y monte par un étroit escalier placé dans une pièce peu éclairée, qui ressemble plus à une boutique de friperie qu'au vestibule d'un établissement public. Cette bibliothèque, composée de onze à douze mille volumes, dont le plus grand nombre provient des maisons religieuses et des émigrés, doit ce qu'elle a de mieux aux largesses du gouvernement ; elle s'enrichit peu à peu de grands corps d'ouvrages et de publications récentes, au moyen de la somme allouée chaque année au budget de la ville, une économie peut-être trop sévère de la part des administrateurs des deniers communaux, laisse sur ces tablettes des vides que le temps comblera sans doute, mais qui en attendant sont dépourvues d'ouvrages essentiels à consulter et que l'on ne peut se procurer ici.

Dans cette même rue des Prêcheurs, redressée et relargie en 1766, ou la ville avait fait bâtir pour loger le curé et les vicaires de l'église majeure, la belle et commode maison qui fait retour sur les deux rues Saint-Vincent, existait le couvent des Dominicains, dont l'emplacement est occupé par deux corps de bâtimens construits pour casernes, l'un par l'administration de la Marine, de 1808 à 1821, l'autre par l'administration de la guerre, en 1831.

Ce couvent était vaste, le réfectoire des Bons Pères servait dans des cas extraordinaires aux séances du corps municipal, des adjoints, des notables, des chefs de famille venus en conseil général. L'église fort remarquable a été démolie en 1808.

L'administration départementale, dont le siège vivement disputé par d'autres villes du département, fut fixé à Toulon, par décret de l'Assemblée nationale, du 4 7bre 1790, s'établit dans cette maison et y tint ses séances jusqu'au 17 décembre 1793. C'est de la salle de leurs délibérations que furent traitreusement entraînés les membres du Directoire, lâchement livrés à la barbarie des assassins qui les égorgèrent, et ce ne fut pas le seul crime, dont furent témoins les quatre derniers jours de juillet 1792 et plusieurs autres du mois d'août suivant.

Les conventionnels entrés à Toulon à la suite de l'armée républicaine, transférèrent le siège du département à Brignolles, puis à Grasse, enfin à Draguignan. La ville de Toulon a fait depuis ce temps d'inutiles efforts pour en obtenir la réintégration dans ses murs, ses sollicitations réitérées ont été sans succès.

Mais reprenons notre marche sur le Cours :

vis-à-vis de la rue des Prêcheurs, formant le sommet d'un angle aigu avec la rue du champ de Mars, la rue de la Visitation conduit à l'ancien couvent de ce nom érigé en 1635, pour recevoir les religieuses de l'ordre fondé par madame de Chantal, bisayeule de l'épouse de ce comte de Grignan, dont nous avons signalé l'activité à l'occasion du camp retranché. Ce couvent pendant les temps orageux de la révolution, a été une des nombreuses prisons qu'ont tour à tour encombrées les victimes des différentes réactions. Il a servi ensuite de magasin à l'administration militaire et ce n'est que depuis 1800 qu'il a été disposé pour servir de caserne aux troupes de ligne.

De ce même côté du Cours, entre la rue de la Visitation et la rue Lirette, l'école primaire supérieure, occupe le premier étage d'une maison particulière. Cette école entretenue par la ville, dirigée par des professeurs d'un mérite avoué, est peu fréquentée. L'insouciance des parens, d'une part, de l'autre l'intérêt ou l'amour propre des instituteurs primaires qui retiennent le plus longtemps possible des élèves en état d'y être admis ; l'opposition tenace des Frères de la doctrine chrétienne à l'instruction qu'on y donne, et plus encore leur ambition de se faire passer comme étant seuls capables d'élever la jeunesse, leur but constant de se rendre maîtres de l'esprit des parens, en accaparant le monopole de l'enseignement, sont les causes du défaut de prospérité de l'école supérieure ou plutôt de son extinction. Ainsi, paraissent inutiles les sacrifices imposés par la loi de juin 1833, aux communes populeuses, ainsi paraissent onéreuses les libéralités d'un corps municipal pour une instruction qui reste stationnaire.

Après la rue Lirette, les rues Cavaillon et Roche descendent des remparts sur le cours. Cette dernière longe les murs de l'Arsenal de terre. L'Arsenal ou Parc d'artillerie comme on l'appelait avant 1789, était renfermé dans le bastion qui est derrière l'emplacement qu'occupaient les bâtimens et dépendances du couvent des Dames Ursulines, et s'est agrandi de tout ce que la révolution a enlevé a celles-ci. Ces bonnes religieuses depuis leur établissement en 1625, étaient chargées de tenir des écoles pour les jeunes filles. Leur suppression a été une calamité dont s'est ressentie la génération de l'époque. Sur les ruines de leur église qui joignait la rue Fougassière, on a bâti des maisons particulières sur l'achat desquelles l'attention du conseil municipal a été plusieurs fois provoquée, comme place convenable à l'érection d'une salle de spectacle, au moyen d'un accroissement de terrein, pris sur les cours de l'Arsenal de terre, que l'on se flattait d'obtenir du gouvernement en échange d'autres concessions.

Derrière l'Arsenal de terre est situé le grand reservoir dit de la Fougassière, d'où les eaux potables se distribuent dans toutes les fontaines de la ville.

De la rue des Prêcheurs en suivant le côté

gauche du Cours, nous passerons devant la rue de Bonnefoi où, dans un local appartenant à la ville, l'école pour l'instruction gratuite des pauvres filles détruite en 1793, a été rétablie en 1804, sous la direction des sœurs de la même congrégation à qui elle avait été confiée en 1686; où, sur l'emplacement du collége tenu par les oratoriens, dont les deux derniers supérieurs, hommes de talent et de vertu ont peri sur l'échaffaud révolutionnaire, vient d'être achevé, le nouveau palais de Justice pour l'édification duquel, indépendamment de sa contribution proportionnelle à celle des autres communes de l'arrondissement, la ville a fait l'abandon de la somme de 17,791 francs, mieux value de l'échange consenti par elle en 1821, des bâtimens de l'Oratoire contre le vieux palais de justice.

Le Cours, ainsi que nous l'avons déjà fait observer, suit la trace des anciens fossés, il porte de la place Saint-Jean à la rue de la Cathédrale, le nom de Cours, son milieu plus élevé que les côtés, pavé en briques, encadré par des fortes pierres de taille, et garni d'un double rang d'arbres est réservé exclusivement depuis l'ouverture des portes, jusqu'à midi, à la vente de fruits, légumes et autres comestibles qu'on y apporte tous les jours, à l'exception des dimanches et fêtes. Pendant l'après-midi et la soirée, c'est un lieu fort agréable pour les promeneurs. De la rue de la Cathédrale jusqu'à la place au Foin où nous allons arriver par un contour assez prononcé, il s'est appellé rue aux Arbres, place Saint-Eloi, pavé d'Amour, rue Monsieur, sous la restauration, on le nomme depuis 1830 rue Lafayette : de distance en distance des fontaines placées pour la commodité publique, y entretiennent la fraîcheur et la salubrité. La colonne où demeure attaché un drapeau indicatif de la durée du marché, et que l'on voit aujourd'hui placée à l'extrémité nord du Cours, proprement dit, s'élevait, il y a six mois à peine, au centre d'un bassin abreuvoir, qui, par sa position, était nuisible à la circulation, au passage des voitures: on a fait construire, en le supprimant, au coin de la rue Cathédrale, un regard en style moyen-âge, représentant le fût d'une colonne, d'où sort un jet d'eau, et presque vis-à-vis sur la petite place Saint-Michel, un bassin dans lequel un cigne attaché à un piédestal, en forme de gaine qui attend le buste qu'on jugera à propos d'y placer, verse de l'eau en abondance.

La place au Foin (où nous eussions pu arriver en faisant un léger détour par la rue des Trois Mulets) très anciennement appelée d'Amont ou des Ormes, est garnie de deux rangs d'arbres, dont la première plantation a eu lieu, en 1758, en mêms temps qu'on érigeait une fontaine au milieu du sol que couvrait la halle. La fontaine a été transférée où nous la voyons en 1782; elle est la plus remarquable de toutes celles de la ville, et par sa construction monumentale et par la quantité d'eau que trois Dauphins entrelacés versent dans une large conque, d'où elle retombe de cascade en cascade dans un immense bassin.

La place au Foin est le lieu d'arrivée et de départ des grandes diligences, elle est entourée d'hôtels où les voyageurs trouvent des appartemens confortables et des tables bien servies; au Couchant, elle s'ouvre sur la rue Royale, elle débouche, au sud ouest, par la rue du Pradel, dont la continuation nommée de la Glacière, rue étroite et tortueuse, aboutit à la place du Vieux-Palais (1); au sud-est, sur la rue de la Miséricorde; celle-ci doit son nom à un

---

(1) Dans cette rue de la Glacière, l'association de l'œuvre de bienfaisance des prisons tient ses séances, entrepose les effets, linge et vêtemens qu'elle distribue aux pauvres détenus, dans une maison achetée à cet effet, et qui lui a été donnée, en 1808 par M. Georges Raynerie, alors maire de Toulon. Cette institution philantropique avait plus d'un siècle d'existence lorsque la maison qu'elle possédait, près de l'ancien Palais de Justice, fut vendue nationalement, et qu'elle-même fut contrainte de se dissoudre. Elle doit son rétablissement à l'activité de M. Senès, premier sous-préfet de Toulon, qui procéda, le 16 ventose an XI (7 mars 1803), à l'installation de ses nouveaux membres. L'œuvre des prisons a été confirmée par décret impérial daté d'Erfurt le 5 octobre 1808.

Le but de l'association n'est pas, comme certaines personnes se plaisent à le répéter, pour se dispenser de répondre à l'appel fait à leur superflu, d'adoucir le sort des prisonniers de manière à le faire envier par des pauvres ouvriers qu'un travail pénible nourrit à peine : de procurer aux détenus un bien-être qui ne leur fasse pas redouter d'y être enfermés pour récidive. Le but qu'elle se propose est de couvrir ceux qui sont nus, de les entretenir dans un état de propreté nécessaire à la santé, de veiller à ce que les fournitures que les règlemens leur accordent aient le poids et la qualité prescrite, et de suppléer pour certains à leur insuffisance, de les secourir enfin en cas de maladie, et de les porter à faire un retour salutaire sur eux-mêmes.

établissement de charité dit le Bassin de la Miséricorde, fondé, le 8 avril 1632, par messire Guillaume Dublanc, prévôt de la cathédrale, pour venir au secours des pauvres honteux. Cette pieuse et utile institution s'est perpétuée et subsiste sous le nom de Bureau de Bienfaisance, après avoir porté pendant quelque temps celui de Bureau de Charité. La ville lui assigne annuellement sur son budget la somme de trente mille francs. L'administration de ces fonds est confiée à d'honorables citoyens; le Maire en est président né. La chapelle de la Miséricorde n'a été bâtie que long-temps après la fondation faite par M. Dublanc, la première pierre en a été posée par Mgr l'évêque de Toulon, Louis de la Tour-du-Pin Montauban, le 6 décembre 1719. Le plafond de cette chapelle, fort remarquable, est peint par Vanloo. Le tableau au dessus de l'autel est de M. de Clinchamp.

La rue de la Miséricorde change de nom au delà du carrefour ou place Blancard qui coupe la rue d'Astour, pour prendre celle des Chaudronniers qu'elle conserve jusqu'au quai. A droite, en descendant, une ruelle dite du Vieux-Ordinaire, communique à la rue de la Glacière, un peu plus bas est la place du Vieux-Palais. Sur cette place, qui était vide alors, les propriétaires des maisons voisines obtinrent de la communauté, en 1636, l'autorisation de bâtir une halle à leurs frais pour la vente du poisson. Cette halle, achevée en 1637, les magistrats y firent transporter les bancs de l'ancienne poissonnerie, mais sur l'opposition des propriétaires voisins de celle-ci, intervint une sentence qui ordonna le report des bancs et la continuation de la vente du poisson à l'endroit qui lui était affecté depuis plusieurs siècles. La ville, attaquée en indemnité par les parties évincées, traita avec elles, fit l'acquisition de la halle St-Pierre, en 1640, et obligea tous les boulangers et revendeurs à y étaler le pain dont la vente leur fut interdite ailleurs. En 1643, on projeta de la démolir pour élever à sa place un palais de justice, ce dessin ne fut réalisé qu'en 1649. Telle est l'origine du bâtiment que vous voyez : le rez-de-chaussée, dont la ville ne possède qu'une partie, servait de prison, et a vu gémir dans ses cachots pendant nos discordes civiles d'illustres victimes, parmi lesquelles plusieurs ont été inhumainement massacrées. Au premier étage sont les prétoires et greffes des deux justices de paix ; au deuxième, sont installés les bureaux et cabinets des deux Commissaires de police. Pendant l'invasion du choléra, en 1835, les administrateurs du bureau central de secours, établi dans la grande salle réservée au premier étage pour la tenue des audiences de police correctionnelle, ont distribué des remèdes aux cholériques de toutes les classes, du linge, des couvertures, des alimens aux indigens, et ont fait visiter par les médecins, tant urbains qu'étrangers, sept à huit cent malades qui se sont adressés à eux.

Prenons la place St-Pierre, anciennement du

Portalet, elle est bordée par deux rangs d'arbres et forme un parellogramme régulier. Nous y remarquerons une fontaine à quatre jets qui deverse l'eau dans un abreuvoir circulaire. Nous laisserons à notre gauche une petite rue qui conduit au quai et joint le mur de la seconde succursale de la ville. Cette église, qui repose sur les ruines d'une ancienne chapelle dédiée aussi au saint patron des pêcheurs, a été batie par les religieux Augustins déchaussés ou petits Pères, admis à se fixer à Toulon, en 1635, sur la recommandation du roi Louis XIII qui en témoigna sa satisfaction aux Consuls du temps. Les patriotes modérés, ayant formé un club sous le titre d'amis et de défenseurs de la constitution, en opposition aux exaltés qui se réunissaient dans l'église St-Jean, tenaient leurs séances dans l'église St-Pierre, à laquelle le couvent des Augustins était attenant. Le tout a été vendu nationalement à des particuliers, et l'église a été rachetée par la ville en 1808. Quant au couvent et ses dépendances, il a été converti en maisons bourgeoises, dans l'une desquelles on a fait une brasserie et un café.

L'église St-Pierre n'a aucune décoration extérieure : son intérieur de 30 mètres de longueur, sur 15 de largeur, est en forme de croix à cause de la coupure des nefs latérales qui ne dépassent point la balustrade du chœur. Des pilastres d'ordre corinthien soutiennent des arcades entrecoupées aux deux tiers de leur hauteur par les balustres des tribunes qui règnent sur les bas côtés. Les deux arcades les plus rapprochées du chœur supportent une coupole plus élevée que la voûte de la nef, dans les angles coupés de ces arcades sont placées, dans des niches sans sculpture, les statues des quatre pères de l'église latine, dues au ciseau d'un artiste toulonnais. Le chœur est peu profond, on y voit un joli autel en marbre, entouré de stalles en miniature. Cette église en un mot, considérée comme chapelle, ne laisse rien à désirer; visitée comme devant servir de paroisse dans une grande ville, on ne peut s'empêcher de la trouver trop petite.

Sur la place St-Pierre, au côté nord de laquelle aboutissent, venant de la rue St-Sébastien, les rues des Riaux et de l'Asperge, la rue Neuve, qui se prolonge jusqu'au quai, et la rue de l'Arsenal remontant, au couchant, la corporation des pêcheurs, fait, la veille de la fête de son patron, brûler un feu de joie dans le genre de celui que la ville fait allumer sur la place St-Jean, la veille de la fête de ce saint.

Gagnons la rue Royale par la rue Neuve et par la rue du Bon-Pasteur, sa continuation, la première de ces rues est une des plus jolies de la ville tant par la régularité des façades et de la bonne construction des maisons que par son parfait alignement, avantage qu'elle a de commun cependant avec toutes les rues, tant en delà qu'en deça du vieux Toulon, qui visent directement au port. Dans la seconde, on voyait, avant la révolution, une maison conventuelle dite du Bon-Pasteur, c'était un asile ouvert aux pauvres filles qui n'étaient pas en état de payer la dot exigée par les autres monastères, elles y vivaient du travail de leurs mains, la direction en fut confiée, en 1644, année de sa fondation, aux dames religieuses de la visitation. La chapelle, le couvent et la cour qui en faisaient partie, sont transformés en salles de billard et de café, une brasserie importante occupe une portion du local.

La rue Saint-Sébastien ou du Canon qui tient d'un bout au Champ-de-Bataille et de l'autre à la rue du Pradel, est la ligne d'intersection qui sépare les rues, que nous avons citées, de quatre ou cinq autres qui aboutissent à la rue Royale. Dans cette rue Saint-Sébastien, à l'angle de la rue des Savonnières, en face de la rue Larmodieu, la confrérie des Pénitens Bleus, établie en 1573, avait fait bâtir, pour son usage, une grande chapelle; cette chapelle qui, en attendant l'achèvement d'une église commencée en 1709, servait aux offices de la seconde paroisse instituée par M. de Chalucet, a été incendiée dans la nuit du 1er au 2 novembre 1787. Sur ses ruines dont le sol a été vendu par la ville en 1808, les acquéreurs ont fait construire des maisons particulières.

Entre l'issue de la rue du Bon-Pasteur sur la rue Royale et la place au Foin, intervalle où viennent aboutir les rues de l'Hôpital, du Puits et des Pommets, on trouve l'hospice du Saint-

Esprit, dont la fondation remonte à des temps fort reculés. Les bâtimens ont été agrandis à différentes époques pour recevoir les commensaux de maisons hospitalières, peut-être aussi anciennes, qui ont été détruites lors de l'agrandissement de la ville sous Henri IV. On commença à travailler à l'augmentation de l'hospice du Saint-Esprit en 1603, la porte principale fut achevée ou rétablie long-temps après. Sur une pierre placée au dessus du cintre de cette porte sur laquelle on voit une colombe sculptée en demi-bosse, on lit ces mots : *mihi divites, ego pauperibus* : et plus bas le millesime 1638. Les lettres d'homologation de son institution et confirmation d'icelle par le roi, n'ont été octroyées qu'en février 1753. En 1755 la chapelle était encore située au fond de la maison du côté du nord, elle prenait ses jours sur la cour de l'appartement des filles, construit récemment sur un terrain qui avait servi de cimetière à l'hospice : les recteurs jugèrent à propos, à raison de sa petitesse, d'en bâtir une autre et par esprit d'ordre et de convenance de la placer de manière à ce que les fidèles du dehors pussent y entrer sans communiquer avec les personnes du dedans. Elle fut donc construite, où vous la voyez, en grande partie par les libéralités des âmes pieuses. Le premier don fut de sept mille livres en capitaux, le second de cinq mille payées comptant par une seule personne aux maçons et autres ouvriers. Un autel en marbre blanc d'une beauté remarquable, provenant de la même source, y fut placé; de zélés chrétiens s'empressèrent de la doter d'objets moins importans, tels que d'un tambour à portes battantes, de coquilles en marbre pour servir de bénitiers, de vases, de chandeliers, d'ornemens. La façade de cette chapelle fut commencée en 1756 et tout étant achevé au même mois de l'année suivante, elle fut solennellement bénie le mardi de la semaine sainte, cinq avril 1757. Les tableaux qui en décorent le pourtour sont attribués aux fils de Jean-Baptiste Vanloo, nés à Toulon en 1707 et 1709.

Malgré tous ses accroissemens successifs, l'hôpital du Saint-Esprit était encore trop resserré pour la quantité d'indigens qui venaient y réclamer un asyle secourable surtout dans les cas de maladies contagieuses. Les consuls projetèrent de le reconstruire en entier, sur une plus grande échelle en y joignant quelques maisons particulières qui font retour sur la rue de Donne-Bourgue. Un plan général fut dressé en conséquence, en 1773, ainsi que le devis évaluant la dépense à la somme de 350,000 francs. Ce plan déposé aux archives est magnifique, son exécution eut enrichi la ville d'un monument grandiose dont la façade sur la rue Royale aurait eu 70 mètres de longueur.

Depuis ce temps on a fait différentes batisses et distributions intérieures, on a formé vingt projets de reconstruction générale; et l'on en reste là. En attendant plusieurs parties menacent de s'écrouler, et l'on est réduit à les étayer par la crainte de voir les malades ensevelis sous leurs ruines.

L'administration de l'hospice du Saint-Esprit est confiée aux mêmes personnes qui régissent celle de l'hospice de la Charité, maison qui dans ce moment, malgré sa destination particulière, peut être considéré comme une succursale de l'hospice du Saint-Esprit. Les recettes et dépenses des deux établissemens font la matière d'un compte unique.

Les recettes provenant de biens fonds ou de capitaux, propriétés particulières des hospices s'élèvent à la somme de   38,004 fr. 24 c.

La ville leur alloue annuellement sur son octroi.................   70,000

Le département.....   37,000

Les recettes éventuelles produits de la retenue sur les spectacles, de la vente des places au cimetière, d'assistance des pauvres de la charité aux funérailles, des quêtes, d'aumônes........   23,000

Total........   168,274 fr. 24 c.

Deux aumoniers, quinze religieuses qui ont sous leurs ordres trente-cinq salariés, sont chargés du détail des deux maisons et des soins à donner aux malheureux qu'elles reçoivent. Les médecins sont au nombre de 10. Neuf autres personnes sont employées à la comptabilité.

L'hospice civil traite par jour, l'un dans l'autre, cent soixante-et-quinze individus, savoir : 71 malades, 50 enfans trouvés, 54 enfans abandonnés, passans, nourrices, etc.

L'hospice de la Charité est habité par cent quarante-un vieillards et soixante-et-onze orphelins, total deux cent douze individus des deux sexes.

Dans une cour longue et resserrée par le mur de l'hospice et le rempart sont placés les bureaux des ingénieurs militaires et le logement du commandant du génie : on y accède par la rue de Donne-Bourgue et par la rue du rempart. On vient d'ouvrir dans cette dernière une seconde école communale sous la direction des Frères.

La caserne des ouvriers artilleurs de la marine n'est séparée de l'hospice du Saint-Esprit que par une ruelle, impasse étroite dont l'entrée est fermée par une barrière afin d'empêcher tout dépôt d'immondices. Cette caserne est un ancien couvent bâti pour les Carmes déchaussés qui s'établirent à Toulon en 1635. Ces religieux furent obligés, par arrêt du conseil d'état, de le céder aux Capucins et il leur fut donné en échange la maison des PP. de la Merci. A la suppression des ordres religieux, le couvent des Carmes devenu celui des Capucins, fut réuni à l'arsenal maritime par décret de l'assemblée constituante du 12 mars 1791.

De la caserne des artilleurs nous laissons à droite l'impasse Saint-Joseph, où l'on voit dans un enfoncement, de vieilles masures qui ont servi long-temps et servaient naguères encore de caserne à la gendarmerie départementale pour laquelle on vient d'en terminer une derrière le nouveau palais de justice, rue Traverse des Beaux-Esprits. Nous trouverons ensuite à notre gauche la rue Larmodieu, ainsi appelée du nom d'une ancienne famille, puis la rue de la Croix et deux pas plus loin la place de l'Intendance. La place tire son nom de la grande et belle maison batie pour loger l'Intendant de la marine dans laquelle sont placés aujourd'hui les bureaux du Commissaire général. Le porche ouvert qui touche à la maison conduit au rempart et a un vaste emplacement renfermant la fonderie et ses ateliers, et l'administration spéciale des équipages de ligne L'Intendance nommée dans le principe Maison du Roi, était distribuée et meublée de manière à recevoir les plus grands personnages; Philippe V, roi d'Espagne, y logea en 1700 avec ses frères les ducs de Bourgogne et de Berri, Philippe y revint en 1702. Le chevalier d'Orléans, grand prieur de France, y séjourna en 1732, le comte de Maurepas, ministre secrétaire d'état en 1744, etc.

Avant l'agrandissement de l'enceinte de la ville commencé par Louis XIV en 1680, la porte de la ville dite de Notre-Dame était presque attenante à l'Intendance et de l'autre côté se trouvait un batiment communal où l'on percevait le droit de Piquet, c'était une imposition de tant par charge sur les blés et farines que la communauté faisait recouvrer à son profit et dont la quotité variait suivant ses besoins. La démolition du bâtiment du piquet et de quelques maisons adjacentes a laissé libre la place où nous sommes. En 1820 une croix à laquelle une grande figure du Christ était attachée, y fut plantée avec une solemnité remarquable, à la suite de la mission dont les chefs étaient M. de Rauzan, supérieur général des missions de France et M. Forbin Janson, nommé évêque de Nancy en 1824. Une relation de cette mission, brochure de 4 feuilles 1/2 d'impression, a été publiée en 1820. Dix ans après, le 9 novembre 1830, la croix a été enlevée et déposée dans l'église Saint-Louis, et la place rendue libre, n'est plus qu'accidentellement obstruée par les barraques de spectacles ambulans.

D'ici à la porte de France nous marcherons sur le sol des fortifications élevées sous le règne d'Henri IV dont la démolition fut prise à l'angle le plus avancé du bastion situé derrière la fonderie, et sur le terrain acheté par Louis XIV.

L'hôpital de la marine doit frapper vos regards. La façade de 100 mètres en largeur est d'une noble et simple architecture, la porte principale est ornée de chaque côté de deux colonnes accouplées d'ordre dorique, sur leur entablement sont assises les figures de la Force et de la Religion d'une bonne composition. Entre elles, l'écu de France surmonté d'une couronne royale, est soutenu par deux figurines d'enfans. Au dessus s'élève un belvedère que couvre un dôme quadrangulaire, c'est l'observatoire et le lieu où l'on conserve les montres marines et autres instrumens nautiques. Cet édifice a été bati par les Jésuites a qui le roi donna le terrein, et assigna sur le trésor royal la somme de soixante-et-dix mille livres, dont 30,000 pour la construction d'une église et 40,000 pour celle de deux corps de logis destinés l'un pour douze Jésuites dont neuf prêtres et trois frères, l'autre pour vingt prêtes séculiers, qui, après instruction suffisante, serviraient comme aumôniers sur les vaisseaux de sa majesté. Le contrat passé entre le ministre Colbert et le provincial des Jésuites assure à la maison un revenu de 10,500 francs pour nourriture et entretien, ce dernier article était évalué 100 francs par an que l'économe payait aux aumôniers embarqués. Les lettres patentes confirmatives du contrat, et portant institution de cet établissement sous le nom de séminaire des aumôniers de la marine, sont du mois de septembre 1686.

Le père Girard si tristement célèbre en 1731, par le procès scandaleux, dont on peut lire une histoire manuscrite à la bibliothèque communale, et le père Lallemant, orateur distingué, qui prononça plusieurs oraisons funèbres dans l'église cathédrale de Toulon, notamment celle du maréchal duc de Villars, le 19 août 1734, étaient profés dans cette maison.

A la suppression de l'ordre, et à l'expulsion de la province, de tous les Jésuites, prononcée par arrêt du parlement d'Aix, en date du 7 octobre 1762, leur maison continua d'être occupée par les Aumôniers, pendant quelques années, puis elle fut donnée à la marine qui s'en servit soit comme de caserne pour les Gardes du pavillon, soit comme de magasins. La marine n'avait point d'hôpital qui lui appartint en propre. Jusqu'en 1763 ses matelots et soldats étaient admis à l'hospice civil du Saint-Esprit, en cette année elle prit à loyer dans la rue Saint-Cyprien quelques maisons appartenant à un sieur Verguin et y fit soigner ses malades. Ce local était peu commode et mal sain, les intendans de la marine tentèrent de s'en procurer un autre, et offrirent pour cela à la ville en 1784 d'échanger le séminaire des ex-Jésuites contre les bâtimens de l'hospice de la Charité. Différentes propositions faites à ce sujet n'ayant point été agréées, M. Malouet sollicita et obtint en 1784 l'autorisation d'y faire les distributions, réparations et constructions, convenables pour en faire un hôpital, et les malades, comme vous le savez, y entrèrent l'année suivante. L'hôpital de la marine ainsi que celui du bagne et les hospices civils, est desservi par les dames religieuses de la congrégation de la sagesse. L'école de médecine navale y ouvre des cours annuels de chimie, de médecine, d'anatomie, où la théorie est jointe à la pratique : les professeurs et les élèves ont à leur disposition, au premier étage, une bibliothèque composée spécialement d'ouvrages ayant rapport à la science qu'ils cultivent; la salle de la bibliothèque est précédée d'un cabinet d'histoire naturelle, qui pourrait être plus complet si l'emplacement n'était trop rétréci pour donner tout le développement que méritent les objets rares qu'il renferme, et les soins que leur conservation exige.

Les cours sont complantées d'arbres et d'arbustes; les salles pour les matelots, les chambres pour les officiers, les escaliers, les corridors, les officines, les cuisines que vous pouvez visiter, sont d'une propreté remarquable. L'ensemble pêche par sa disproportion avec le nombre de malades qu'il faut y entasser dans des cas qui peuvent trop souvent se renouveller.

Le mur occidental de l'hôpital de la marine forme un des côtés de cette rue qui monte au rempart et au milieu de laquelle aboutit la rue de la Comédie, anciennement du Jeu de Paume. Dans celle-ci mal habitée, remplie de cabarets fréquentés par les soldats et les matelots, nous trouverons trois établissemens publics.

Le premier est la salle de spectacle, salle indigne et par sa situation et par sa disposition d'une ville aussi importante, aussi riche que Toulon, elle a été bâtie en 1775 par une société d'actionnaires. La ville en a fait l'acquisition en 1829 après avoir, pendant les années précédentes, longuement discuté différens projets tendant à en faire construire une autre, sur un emplacement qui permit d'élever un édifice qui contribuerait à la décoration de la cité, et où la bonne compagnie ne répugnerait pas de se rendre. La difficulté de trouver cet emplacement dans une ville où la population est si à l'étroit, la valeur excessive des maisons qu'il faudrait acheter pour les abattre, ont constamment fait ajourner les diverses propositions soumises à ce sujet au conseil municipal.

Le second établissement public est l'hôpital militaire. Cet établissement indispensable dans une ville où il y a une forte garnison, date au plus de quatre-vingt ans. L'administration de la guerre acheta vers 1760 un certain nombre de maisons particulières, en régularisa les façades, fit démolir les cloisons intérieures pour former de chacune d'elles des salles profondes qui ne sont point suffisamment éclairées, moins encore aérées. Tous les agens et officiers de santé reprochent à cet édifice ce défaut, auquel on ne peut remédier qu'en en construisant un autre sur un terrein plus étendu, où l'on puisse, avec une cour pour les convalescens, donner, loin du tumulte d'une rue bruyante, aux salles des malades et autres pièces accessoires et indispensables pour un hôpital, toutes les commodités possibles. Les maisons acquises pour cet établissement occupaient la place de la tuerie publique que la ville avait fait construire en 1640 en ce quartier dit alors de Sainte-Peyronne. C'est dans un jardin de ce quartier que sous une treille ou sous une tente, le corps municipal se réunissait annuellement pour un banquet auquel des notables étaient conviés. Ce banquet, appelé le souper des Lanternes, avait lieu en mémoire du séjour à Toulon, en 1543, de l'armée turque commandée par Barberousse, de l'obligation où furent les habitans d'évacuer la ville, et de céder leurs maisons à ces hôtes incommodes, qui les occupèrent pendant six mois, tandis qu'une partie d'entr'eux s'abritaient sous des tentes. L'usage de se réunir pour ce souper dont la communauté payait les frais, subsista pendant une trentaine d'années. La tuerie ayant été transportée hors de la ville sur une portion de terrein joignant la route d'Ollioules, lors de l'agrandissement fait sous Louis XIV, a été détruite à l'occasion du siège de 1707, et la communauté n'ayant pu obtenir la permission d'en relever les bâtimens à raison de leur proximité des fortifications, fut obligée d'acheter, le 21 avril 1715, le domaine du sieur Beaussier et y fit bâtir les abattoirs, écuries et magasins qui servent aujourd'hui.

Le troisième établissement public situé dans la rue de la Comédie, est une caserne dite du Jeu de Paume, parce qu'il en occupe l'emplacement. C'est un édifice moderne dont on admire la contruction, il a été commencé en 1822 sous la direction et d'après les plans du colonel directeur des fortifications qui exerce depuis deux ans les fonctions délicates et honorables de premier magistrat de la ville, la garnison en a pris possession en 1827.

Reprenons la rue Royale à l'angle de l'hôpital

de la marine. Nous avons à peu de distance, à notre gauche, la rue de l'Ordonnance qui débouche sur le Champ-de-Bataille. Dans cette rue on trouve un bel établissement de bains, qui prend aussi des jours sur la rue Possel, rue étroite parralèle à la rue Royale. Le premier établissement de ce genre fut fondé en 1767 dans la rue Royale au n° 55, où il existe encore, par Antoine Roux, maître en chirurgie. Bientôt on en forma un second et maintenant il en existe cinq.

L'hôtel de la sous-préfecture devant lequel nous allons passer n'est qu'une jolie maison bourgeoise louée par le département. Les bureaux de la poste aux lettres, la direction départementale des contributions indirectes occupent également, à notre droite, des maisons particulières, qui, comme toutes celles de la rue Royale, depuis la place de l'Intendance, ont une belle apparence que leur distribution intérieure et surtout la coupe des escaliers ne démentent pas.

Au carrefour qui suit est une fontaine qui n'a rien de curieux : au centre de son bassin s'élevait jadis une pyramide qui lui donnait son nom. Elle se trouvait, avant 1789, placée à peu près vis-à-vis de la porte d'entrée du couvent bâti par les PP. de la Merci en 1720. Ces religieux réduits à un très petit nombre quittèrent Toulon et passèrent dans une autre maison de leur ordre. En 1773 le roi acheta leur couvent pour le service de la marine; Louis

XVI le donna en 1780 aux Carmes déchaussés, en échange du leur qu'il leur fut ordonné de céder aux Capucins. Les Carmes ont été dépossédés de celui-ci par la nation qui en opéra la vente en 1791, et sur ses ruines les acquéreurs ont élevé les belles constructions que vous voyez.

La rue du Trésor qui vient ensuite coupe à angles droits la rue Royale et la rue Saint-Roch, et aboutit du sud à la rue de la Corderie, elle débouchait au nord sur le rempart, mais elle s'arrête aujourd'hui à la rue de la Comédie, depuis que la ville a fait abandon à l'administration de la guerre de son extrémité dont on voit encore une partie entre la caserne et l'hôpital militaire.

La rue Royale que nous venons de parcourir en son entier est bordée de trottoirs dont la largeur est proportionnée aux dimensions qu'il a fallu conserver pour la circulation des voitures. La construction de ces trottoirs, leur établissement dans toutes les autres rues où il a été possible d'en construire, datent de 1819, c'est un bienfait de l'administration municipale, dont les piétons seraient plus reconnaissans, si l'on ne tolérait pas leur encombrement.

Vous devez être fatigué, rentrons mon cher Albert, et écoutez un récit abrégé du siége de Toulon en 1707. J'ai cité tant de fois cet épisode de l'histoire de la ville, je serai encore si souvent dans le cas de vous le rappeler, que son exposé rapide ne vous paraîtra pas inopportun.

SIÈGE DE TOULON EN 1707.

Extrait de la relation faite par M. Henri Ferrand, 2ᵉ consul, témoin oculaire.

Instruits des immenses approvisionnemens de guerre et de bouche que faisait le duc de Savoie Victor Amédée II, les ministres français, tout en pénétrant le but de ses projets, n'avaient pas deviné sur quel point ce prince devait attaquer la France. Ils supposaient qu'il en voulait au Dauphiné et que par le Val d'Aoste il pouvait porter les armes du côté de la Bresse et de la Franche-Comté. Mieux informé, le comte de Grignan annonçait vainement que c'étaient les frontières de la Provence qui étaient menacées, la cour fut long-temps sourde à ses avis et ce ne fut qu'à ses instances réitérées que l'on dut de songer à défendre la ville de Toulon et, puisque l'on ne pouvait plus réunir les troupes, ni assez tôt, ni en assez grand nombre sur le Var pour s'opposer à l'invasion de l'ennemi, de diriger des forces sur Toulon. La lenteur des réponses de la cour fut cause que ce ne fut que vers la fin de juin qu'on commença à travailler aux remparts, aux fossés, aux chemins couverts, et à un camp retranché. Il s'agissait de faire arriver des troupes, avant que l'armée du duc de Savoie qui ayant commencé à passer le Var le 10 juillet, n'avait que quarante lieues à parcourir pour être sous les murs de la ville, tandis que les régimens français partis du Dauphiné ou retirés de la Savoie avaient un plus long trajet à faire. Ce n'était donc que par une excessive célérité que l'on pouvait prévenir le duc. La connaissance parfaite du pays fit proposer par M. de Grignan de ne point faire suivre aux troupes la route ordinaire, de leur faire laisser à droite et à gauche celles par Brignoles et Saint-Maximin, mais de couper en droiture au travers des montagnes en passant de Toronet à Tavernes, et de ce lieu à la Roque Brussanne, à la Chartreuse de Montrieux, et de là à Toulon en cotoyant les montagnes et d'éviter ainsi Cuers et Solliès où les ennemis pourraient être en force. Des ordres furent donnés en conséquence, les premiers bataillons arrivèrent le 22 au camp retranché, tous y furent rendus le 24, au grand désappointement du duc de Savoie dont l'armée avait à peine dépassé Pignans. Le 26 elle était à la Valette, où le prince établit son quartier-général. Dans l'après-midi du 27 les ennemis avancèrent en ordre de bataille pour attaquer Sainte-Catherine et ses hauteurs; M. le comte de Villars faisant fonctions de maréchal de camp et M. le comte de Tessé de brigadier, les défendirent avec tant de vigueur que les ennemis furent obligés de se retirer: mais, pendant que ceux-ci étaient repoussés sur ce point, la flotte anglaise et hollandaise s'avançait dans le goulet opérant des débarquemens qu'il aurait fallu plus de monde pour empêcher. On prit le parti d'abandonner les batteries du cap Cepet après avoir jeté les canons dans la mer, on désarma les batteries du cap Brun, des Vignettes, d'Icard et de la croupe de la Malgue.

Le 28 juillet sur les quatre heures du matin, les ennemis se portèrent avec des forces tellement supérieures sur le poste de Sainte-Cathérine, qu'après une résistance de quelques heures, M. de Guerchois, colonel du régiment de la marine se vit dans la nécessité de se retirer en bon ordre non sans avoir tué ou blessé beaucoup de gens, le prince de Hesse Cassel fut du nombre des blessés.

Les ennemis n'osant point aborder de front le camp retranché, résolurent de le tourner par derrière et de s'emparer du vallon de Dardennes et de Saint-Antoine. M. de Goesbriant avait prévu leur projet, ils ne purent que rester maître des hauteurs du Revest et de la poudrière de Dardennes, dont toutes les machines avaient été détériorées par l'ordre de l'intendant de la marine, M. de Vauvré. Les eaux des moulins à blé ayant été détournées, les usines d'Ollioules et de la Seyne suppléérent à leur inaction.

Les 4 et 5 août les ennemis travaillèrent à une ligne de commuuication depuis Sainte-Catherine jusques au pont de l'Eygoutier et de là jusqu'a la Malgue, ils établirent sur cette ligne quatre batteries dont la dernière battait le fort Saint-Louis. On leur opposa les vaisseaux le *Tonnant* et le *Saint-Philippe*, le premier dirigeait ses coups sur Sainte-Catherine et ses hauteurs, le second sur la plaine et la Malgue, et leurs éclats joints à ceux de 262 pièces de canon placées tant sur les remparts de la place que dans le camp retranché, faisaient un feu horrible et tenaient à distance les assiégeans. D'un autre côté le chateau de Sainte-Marguerite obligeait la flotte ennemie à se tenir au large et l'empêchait de débarquer du canon, il fut résolu au conseil du duc de Savoie d'en faire le siége, on ouvrit la tranchée ; le 10 août une batterie de sept canons y fut établie et dans cinq jours de tir consécutif celle du château fut démontée, l'officier qui la commandait, M. de Grenonville, capitaine de frégate, fut obligé de se rendre avec sa troupe composée de 400 hommes.

Mais dans cet intervalle les assiégés ayant reçu un renfort considérable, M. le maréchal de Tessé arrivé avec ce renfort, disposa tout afin de détruire les ouvrages. les retranchemens derrière lesquels étaient les ennemis afin de canonner et la ville et le camp retranché, avaient établi des batteries de distance en distance depuis les hauteurs de Sainte-Cathérine jusqu'au côteau de la Malgue.

Les troupes furent commandées en conséquence, elles marchèrent sur quatre colonnes de la manière qui suit :

M. de Dillon partit de son camp le 14 août à une heure de nuit, avec MM. de Villars et de Guerchois, huit bataillons, quelques compagnies de grenadiers en plus et cent dragons de Languedoc à pied. Montant par des chemins escarpés il devait gagner le sommet de la montagne de Faron, avec ordre de faire des signaux aussitôt qu'il y serait parvenu, les trois colonnes commandées en chef par M. de Goesbriant qui marchaient par les fonds devant saisir cet instant pour commencer l'attaque; M. le comte de Tessé avec sa brigade était chargé de l'attaque de gauche, MM. de Montsoreau et de Broglio du centre, MM. de Carraccioli et Destouches de la droite. Au signal de M. de Dillon, les quatre colonnes donnèrent en même temps, M. de Dillon chassa les ennemis de la Croix de Faron, M. de Tessé ayant pris par les vignes entre Faron et Sainte-Catherine tomba avec sa brigade sur un camp de quatre bataillons qui furent entièrement défaits et leur camp pillé. Nos grenadiers en rapportèrent toutes les tentes, quantité de robes de chambre, d'habits dorés, de vaisselle d'argent. Les deux autres colonnes chassèrent les ennemis du fort, du plateau et de la Chapelle Sainte-Catherine et leur prirent deux pièces de canon. L'attaque de la droite fut fort vive parce que les ennemis étaient défendus par le feu de leur grand retranchement; mais dès qu'on eut tourné sur eux les deux pièces de canon qu'on venait de leur prendre et les quatre que M. de Goesbriant avait fait suivre, il ne purent plus tenir et se retirèrent en désordre. On les poursuivit la bourre dans les reins. Le carnage fut grand : le soldat était tellement acharné que le maréchal de Tessé et le marquis de Bessons, major-général, eurent bien de la peine à ramener les troupes et les drapeaux que leur ardeur emportait trop loin. Les généraux ennemis parurent et firent leur possible pour ranger leur armée en bataille croyant à une affaire générale; l'artillerie française fut si bien servie qu'ils ne purent jamais se former et qu'ils furent obligés de se retirer après avoir vu raser en leur présence leurs retranchemens et leurs batteries, brûler leurs gabions, leurs fascines, leurs madriers et leurs plates formes.

Pendant ce temps MM. de Barrielle et de Nisas s'avançant dans la vallée de Dardenne, chassèrent l'ennemi du château de Dardenne, lui tuaient beaucoup de monde, faisaient 40 prisonniers, emmenaient autant de chevaux, tandis que M. Cadrieux embarqué avec six compagnies et six piquets faisait, en attaquant le côteau de la Malgue, une diversion qui répandit une si grande alarme à la gauche des ennemis qu'ils enclouèrent eux-mêmes quatre pièces de leurs canons.

Les Français n'eurent qu'environ soixante hommes de tués ou de blessés dans ces attaques, parmi lesquels nul officier de marque. On évalua la perte des ennemis en tués et blessés à 1200 hommes. Le prince de Saxe Gotha y fut tué et dans le nombre des prisonniers on comptait plusieurs colonels, lieutenans-colonels et majors. La nuit du 15 au 16 les ennemis se tinrent en bataille, et le soir de cette dernière journée ils commencèrent à faire jouer une batterie de six mortiers qu'ils avaient établie derrière l'Eygoutier et lancèrent sans discontinuer des bombes sur la ville et la rade jusqu'au 21;

ils firent avancer ce jour 21 août six galiotes à bombes du côté du fort Saint-Louis et depuis onze heures du matin jusqu'à 5 heures du lendemain matin ils tirèrent sur la ville et le port, et mirent le feu à deux vaisseaux le *Fortuné* et le *Diamant*. Le premier fut entièrement consumé, le second ne fut qu'endommagé. Ce fut le dernier exploit de cette armée de 40,000 hommes soutenue par une flotte de deux cents voiles ; son général en chef commença à la faire défiler dans la nuit du 21 au 22 et le 23 tous les abords de la place étaient libres.

Pendant la durée du siége les Toulonnais se conduisirent avec un dévouement admirable, avec une abnégation d'eux-mêmes dont les militaires étaient surpris. Deux cents de leurs maisons furent endommagées par les boulets, six cents furent atteintes et ruinées en partie par les bombes, d'autres furent abattues par ordre comme nuisibles aux fortifications. Les suites d'une guerre longue et malheureuse sur plusieurs points, l'épuisement des finances ne permirent point au roi de faire pour eux ce qu'il avait fait pour les Dieppois en 1694, à l'occasion du bombardement de leur ville. Les Toulonnais ne recueillirent que de stériles éloges au lieu d'indemnités que leur position réclamait. Leur premier consul Jacques Flamenq, fut gratifié de lettres de noblesse. Mais eux purent rebatir leurs maisons ou les réparer à leurs frais ; la reconstruction des édifices publics, du pavé des rues et places, demeura à la charge de la communauté,

La retraite précipitée du duc de Savoie inspira au père Augier de la compagnie de Jésus, le distique suivant :

Victor abit victus, late vastavit olivas
Intactas lauros linquere cura fuit.

Vaincu, fuyant, Victor détruit les oliviers.
Mais il a soin, intacts, de laisser les lauriers.

2ᵉ PROMENADE.

SOMMAIRE.

Porte de France. — Place et Fontaine Saint-Roch. — Caserne de la gendarmerie maritime. — Rue Saint-Roch. — Champ-de-Bataille. — Ancienne paroisse. — Ancien couvent des Capucins. — Église Saint-Louis. — Hôtel de la Préfecture. — Hôtel de la Majorité. — Rue d'Orléans. — Rue du Quai. — La Consigne, Intendance de Santé. — La Patache. — Place de l'Hôtel-de-Ville. — Extérieur et intérieur de l'Hôtel-de-Ville. — Détails historiques, syndics, consuls, lieutenance de roi, gouverneurs. — Fontaine de Janus. — Suite du Quai. — Le Parti. — La Ponche Rimade. — Les équipages de ligne. — La Porte Neuve. — Le Port Marchand. — Pont de l'Eygoutier. — Magasin à poudre. — Télégraphe. — Fort Lamalgue et dépendances. — Montagne de Coudon. — Redoute et caserne fortifiée de Faron. — Fort Artigue. — Fort Sainte-Catherine. — Village et château de la Garde. — Reddition de Toulon aux troupes du connétable de Bourbon.

La porte de France autrefois porte Royale, après avoir été long-temps appelée de Notre-Dame, percée dans la courtine entre les bastions de Notre-Dame et du Jeu de Paume, n'a rien de remarquable dans son architecture, elle était décorée avant la révolution, des armes de France et d'une inscription en l'honneur de Louis XIV dont l'emblême sous la figure d'un soleil rayonnant, n'est pas tombé, chose assez surprenante, sous le marteau des démolisseurs. C'est par cette porte que les souverains, les princes, les généraux, les grands personnages, font leur entrée après avoir été reçus et complimenté par les autorités civiles en avant du glacis de la demi lune qui la couvre : elle débouche sur la place Saint-Roch, qu'embellit un bassin abreuvoir construit en 1821, l'eau qui remplit ce bassin sort par quatre jets d'un rocher factice au-dessus duquel sont grouppés trois enfans gracieux, en marbre blanc. Ce groupe a été exécuté par M. Bastiani et l'ensemble de la fontaine d'après le dessein de M. Lantoin, ingénieur du département. Dans les interstices du rocher croissent différens arbustes, les uns aux rameaux toujours verds, les autres chargés de fleurs presqu'en toute saison.

Le bâtiment qui fait face à la porte vient d'être achevé pour loger la gendarmerie maritime. Il occupe l'emplacement dont la ville en 1683, acheta le sol, provenant des terrains acquis par Louis XIV, afin d'y bâtir une maison pour la perception des droits de piquet. Cette maison fut devastée, le 24 mars 1789, par des pillards qui, profitant du tumulte effroyable qui régnait dans la ville depuis la veille, tumulte suscité sous le prétexte de la cherté excessive des denrées de première nécessité, et de parvenir à leur diminution par la suppression de l'impôt qui pesait sur elles, chassèrent les préposés, s'emrarèrent de l'argent de la recette, et enlevèrent plusieurs charges de blé. L'ordre rétabli, la perception le fut aussi, mais le droit de piquet ayant été entièrement supprimé un an après, la ville tira parti de cette maison en la louant pour divers usages. En 1819 elle l'échangea avec l'administration de la marine contre les bâtimens et dépendance de l'ancien collége.

De la place Saint-Roch on avance dans la ville par quatre rues à peu près parallèlles, elles se nomment de la Comédie, Royale, Saint-Roch et de la Corderie. Vous connaissez les deux premières; laissons la quatrième bordée d'un côté par le long mur de l'arsenal et de l'autre par le derrière des maisons de la rue Saint-Roch; entrons dans celle-ci, si elle n'est pas la plus longue, elle est sans contredit la plus propre, la plus jolie de la ville. Ses maisons alignées au cordeau sont habitées par des rentiers et par des employés du gouvernement. La tranquillité et le silence qui y règnent habituellement, contrastent d'une manière si frappante avec le mouvement et le bruit qu'on remarque dans toutes les autres rues, qu'on la compare au faubourg St-Germain de Paris, dont par plaisanterie on lui donne le nom. C'est dans cette rue, au milieu de la nuit du 31 juillet au 1er août 1792, qu'empressés d'immoler la victime qu'on s'efforçait de soustraire à leur rage, les meurtriers des membres du directoire du département, pendirent à un reverbère, un des administrateurs ramassé dans les fossés, où il gisait souffrant de la fracture d'une jambe qu'il s'était cassée en franchissant les murailles de la ville pour fuir le sort qu'il ne put éviter.

La rue Saint-Roch aboutit à la place nommée le Champ-de-Bataille. Cette place dont la surface embrasse plus d'un hectare et demi, est une des plus belles, des plus agréables qu'aucune ville de province renferme dans son enceinte. Deux rangs de grands arbres en font le tour, elle est sablée, entretenue avec soin, et séparée des maisons par une large voie pavée pour la circulation des voitures et par des trottoirs toujours en bon état. Une suite d'édifices sur un plan uniforme la bordent du côté de l'est, un établissement de bains nouvellement ouvert au public où les recherches du luxe s'unissent à la commodité, de jolies maisons élevées en place du vieux grenier à sel, d'élégans cafés, des restaurans qui justifient ce nom par la manière dont on y est servi, des maisons bourgeoises dont les façades sont de bon goût contribuent à l'embellir du côté du nord et de l'ouest. Cette place n'en est devenue une que depuis l'agrandissement de la ville ordonné par Louis XIV. Avant 1680 les fortifications en couvraient les deux tiers, et, contre leur épaulement, existaient jetées çà et là quelques îles de maisons que l'administration de la marine a achetées et fait démolir pour la carrer.

Sur le côté de la place opposé à celui où nous voyons l'hôtel de la préfecture maritime, Louis XIV avait concédé, en 1700, à M. de Chalucet, évêque de Toulon, une portion de terrein de trente-sept toises de longueur sur seize de largeur à l'effet d'y édifier une église paroissiale, se réservant le surplus pour l'exercice de ses troupes et la construction d'une caserne destinée au logement des gardes de la marine.

L'érection d'une seconde paroisse était devenue indispensable, tant la population s'était accrue, (des actes judiciaires du temps la portaient à 40,000 ames); néanmoins la construction d'une nouvelle église éprouva de l'opposition de la part du conseil municipal qui reculait devant l'énormité de la dépense, puisque les deux tiers devaient retomber à la charge de la communauté. M. de Chalucet parvint à vaincre la résistance des plus opiniâtres et les fondations de l'église furent jetées en 1708, suivant le plan fait par M. Le Pelletier, directeur général des fortifications. Les premières assises des murs s'élevaient à peine de quelques pieds au dessus du sol, lorsque la mort du prélat vint, eu 1712, interrompre les travaux.

Les sommes considérables que la ville dut employer pour réparer les dégats qu'elle avait éprouvés pendant le siége de 1707, les emprunts qu'elle fut obligée de faire durant la peste de 1721 qui réduisit à dix mille ames sa population déjà diminuée de plus d'un tiers par la suspension des travaux de l'arsenal après les traités de paix d'Utrecht en 1713 et de Rastadt en 1714; les sacrifices qu'elle s'imposa pour mettre en état de défense ses remparts menacés d'un siége en 1746, les charges extraordinaires qui pesèrent sur elle en 1756 par le passage et le séjour des troupes dirigées contre Minorque, sous le cammandement du maréchal de Richelieu, avaient obéré ses finances de manière à rendre impossible la construction d'une nouvelle église dont, à la rigueur, le culte pouvait se passer.

Les travaux furent repris cependant en 1767 sur un nouveau plan dressé par M. Romain, architecte. L'édifice était achevé à la toiture près, en 1776, lorsque sur les représentations de personnages de poids, sur les inconvéniens résultant de la position d'une église sur une place où l'on faisait manœuvrer la garnison, un ordre de la cour en suspendit la continuation : puis en 1780, par décision prise en conseil d'état, Louis XVI révoquant le don fait par Louis XIV, en ordonna l'entière démolition. Les lettres patentes sont du 4 août. Par ces mêmes lettres, le roi afin de dédommager la ville des fortes avances qu'elle avait faites, lui donna l'église, les bâtimens, cours, jardins et dépendances, tout le couvent enfin des Capucins, qui occupait l'espace renfermé entre les rues Saint-Sébastien, de Larmodieu, Saint-Louis et le Champ-de-Bataille ; la ville fut autorisée en même temps à vendre à des particuliers toutes les portions de ce vaste emplacement qui ne lui seraient point indispensables pour la construction d'une deuxième église paroissiale.

On pensa d'abord à conserver pour cet usage l'église des Capucins, dont l'entrée principale, précédée d'une petite place sur laquelle était érigée, une croix de pierre, donnait sur la rue de Larmodieu et dont une porte latérale ouvrait sur la rue Saint-Louis, mais il fallait l'agrandir. Le plan dressé pour mettre en harmonie les constructions à faire avec celles que l'on se proposait de laisser subsister, étant fort dispendieux et ne devant doter la ville que d'un monument mesquin, on y renonça. Après de longues tergiversations on adopta le plan présenté par le sieur Sigaud, ingénieur de la province et l'église Saint-Louis fut placée où nous la voyons. Elle était à peine terminée, lorsqu'elle fut fermée au culte catholique à la fin de 1793 : elle devint Temple de la Raison l'année suivante : des espèces de Théophilantropes s'y réunirent en 1796 sous le nom d'adorateurs de la liberté et de l'égalité. Le conseil municipal la demanda en 1802 au gouvernement consulaire pour la convertir en salle de spectacle; elle fut concédée au clergé en même temps que l'église Saint-Jean, en 1803, à la requête de l'archevêque d'Aix qui, l'année précédente, avait séjourné à Toulon po: procéder à la réception et à la réconciliation de l'ancienne église cathédrale.

Au dessus de sept marches d'une large étendue devant lesquelles une petite place a été ménagée, le pérystile de l'église St-Louis est décoré de quatre colonnes doriques entre lesquelles se trouve l'unique porté d'entrée pratiquée dans un mur cintré jusqu'à la hauteur de l'entablement qui supporte un fronton triangulaire surmonté d'une grande croix en taille unie.

L'intérieur se compose de trois nefs voutées, la voute de celle du milieu repose sur une solive plate que supportent vingt colonnes de pierre dure. Ces colonnes d'un mètre de diamètre à la base, n'étant espacées que d'un double mètre, rendent tout l'édifice lourd et massif. Les bas côtés sont nus et trop étroits ; dans la grande nef la chaire en batisse qui est adossée à une des colonnes fait un bon effet avec sa draperie à glands, son ciel sculpté, son double escalier contournant la colonne, ses missels, ses antiphonaires qui la soutiennent. On accède par onze marches convexes au chœur élevé sur une chapelle souterraine. L'autel est placé au centre de dix colonnes corinthiennes en stuc imitant le marbre qui supportent une colonne semi-sphérique très richement ornée de rosaces sculptées. Les nefs latérales ont à chacune de leur extrémité des chapelles, celles qui joignent le chœur sont profondes et obscures, celles qui touchent à la porte d'entrée sont au contraire d'élégantes rotondes. L'une de ces dernières est consacrée aux fonds baptismaux, l'autre à la célébration des mariages. Ces deux ou trois tableaux devant lesquels on passe sans s'arrêter parce qu'ils sont mal éclairés, méritent l'attention des connaisseurs, tout porte à croire qu'ils ont été peints par les Vanloo et qu'ils proviennent des couvents détruits.

Le projet arrêté pour la construction de l'église Saint-Louis, d'une maison presbytérale, de l'élargissement de la rue Saint-Sébastien, la ville vendit l'excédant du terrain provenant des Capucins, en imposant aux acquéreurs l'obligation de se conformer au plan qu'elle fit dresser pour l'uniofrmité de la façade des maisons à bâtir sur la rue de Larmodieu et sur le Champ-de-Bataille. Les propriétaires dans la rue Larmodieu changent journellement la façade de leurs maisons, tandis que ceux à qui appartiennent les maisons qui regardent sur le Champ-de-Bataille semblent rivaliser de soins pour les entretenir uniformes. Ce n'est que depuis ces dernières années que deux ou trois d'entre eux en ont loué le rez-de-chaussée à des marchands qui y ont établi de riches et brillans magasins.

A défaut d'emplacement sur un des côtés du Champ-de-Bataille, qu'elle ne trouva point à acheter ou dont on voulait un prix décuple de sa valeur, l'administration de la marine se détermina à bâtir, dans l'enceinte formée par les alées, un hôtel pour le commandant supérieur à Toulon. Cet hôtel, occupé aujourd'hui par le préfet maritime, n'était point encore meublé entièrement lorsque les ambassadeurs de Tippoo-Saïb y furent logés pendant leur séjour à Toulon au mois de juin 1788. Le comte Albert de Rions est le premier commandant de la marine qui s'y soit installé ; il en fut violemment arraché par le peuple, le 1er décembre 1789, et jeté avec six autres officiers dans les cachots de la prison du Palais. Les ordres des ministres du roi ne purent l'en faire sortir : il fallut un décret de l'assemblée nationale pour le rendre à la liberté..... Et, quel était son crime ?... .

C'est sur la place du Champ-de-Bataille que se passent les revues des troupes de terre et de mer ; qu'elles se réunissent pour la parade journalière. C'est là que l'on tire les feux d'artifices, que se donnent au peuple des spectacles divers dans les circonstances solennelles. La place et ses allées pendant les soirées de ces jours de fête sont éclairées comme en plein jour par les feux de deux à trois mille lampions ; toutes les classes s'y promènent, s'y coudoient, s'y rafraichissent. En 1744, en réjouissance de la convalescence de Louis XV, au milieu de fontaines de vin qui coulaient avec profusion, un bœuf entier y fut mis à la broche pour faire partie des distributions de comestibles. Mais ce n'est pas toujours par des scènes joyeuses que cette place a été animée, des rassemblemens qui ont donné lieu à des rixes sanglantes s'y sont souvent formés ; des excès révoltans y ont été commis contre les personnes et les propriétés ; devant le haut mur qui, du côté du midi, la sépare de l'arsenal, deux cents marins ont été fusillés, sans pitié, sans ombre de jugement le 19 décembre 1793, et l'échafaud n'y a été que trop long-temps en permanence, dévorant tour à tour le criminel et l'innocent.

La monotonie du coup d'œil jeté sur le long mur de l'arsénal n'est interrompue, depuis peu, que par cette espèce de portique soutenu par des piques en faisseaux qui décore l'entrée d'un local où se tenaient les audiences d'un des tribunaux maritimes. Les jugements seront rendus à l'avenir au rez-de-chausssée de la partie Ouest de ce bel édifice récemment terminé sur le même alignement, et dont la partie Est est occupée par les bureaux de l'état-major de la marine au premier étage et par un salon de réception qui prend ses jours sur la rue de l'arsénal. Cet édifice dont l'architecture est simple, mais de si bon gout, fait désirer sa prolongation jusqu'à la porte de l'arsénal devant laquelle nous nous trouvons. La rue qui fait face et continue de porter le nom de rue de l'arsenal, conduit à la place St-Pierre.

La première rue que nous allons prendre à notre droite est une rue de traverse appelée du Trabuc elle tient d'un bout à la rue St-Sébastien, de l'autre elle aboutit, en longeant le mur de l'arsenal à l'extrémité Ouest de la rue du quai ; pour parvenir à ce point, nous laisserons à notre gauche la plus longue et la plus régulièrement large des rues de la ville. On a substitué en 1830 le nom d'Orléans à celui de Bourbon qu'elle portait depuis 1595, année de son tracé. Elle touche comme vous voyez, au mur de l'arsenal et va finir au pied du rempart. En 1679, afin de donner un autre cours aux immondices que les ruisseaux des rues entraînent dans la Darse, M. de Vauban imagina de faire construire dans toute la longueur de celle-ci un canal souterrain pour les verser dans les fossés du côté du Levant : ce canal fut creusé et complettement achevé : mais, trois ans après, survint un ordre de le combler et de laisser aux égouts leur ancienne direction, sur l'observation qui fut faite que les eaux grasses et notamment celles provenant des fabriques de savon avaient la propriété de faire périr les vers dont la piqûre est si fatale aux vaisseaux aux quels ils s'attachent.

La rue du quai de même longueur que celle d'Orléans, 590 mètres sur une largeur de 9 mèt. 75 présente du côté nord une continuité de belles maisons dont le rez-de-chaussée est occupé, par des magasins où l'on trouve tous les objets dont on peut avoir besoin, depuis les plus simples jusqu'aux plus recherchés; par des cafés aux mille colonnes, aux riches dorures, ouverts aux amateurs; par des cabinets de lecture qui procurent un autre genre de délassement. De larges tentes y mettent à l'abri des feux du jour la foule des allans et des venans qui s'y presse continuellement. Matelots, soldats, pêcheurs, ouvriers de toute espèce, portefaix, commissionnaires y sont dans une perpétuelle activité; le chargement, le déchargement des bâtiments de commerce emploient une multitude de bras. Ajoutez à cela l'abord et le départ d'embarcations de toutes sortes; le son étouffé d'une grosse caisse qui annonce la présence d'un saltimbanque; le sifflement de cordes qui grincent sous l'archet du vendeur de chansons; les cris accentués des colporteurs ambulants, et des *artistes* décrotteurs; l'appel fait à la crédulité par des charlatans empyriques : et vous vous ferez une idée du mouvement et du bruit qui y règnent constamment.

Sur le quai, deux édifices appartenant à la ville, la Consigne et l'Hôtel-de-Ville exigent une description particulière. Le premier fort peu remarquable par son étendue, mais d'une grande importance par sa destination, est un pavillon faisant suite à celui des armements qui appartient à la marine; il se compose d'un rez-de-chaussée et d'un premier étage. Au rez-de-chaussée, ouvert par six arcades sur la Darse, sont différents cabinets où, separés par deux grilles espacées entr'elles, viennent raisonner les personnes qui demandent l'entrée ou qui retenues en quarantaine ont à s'entretenir avec des parents ou amis, à côté de ces cabinets sont des magasins d'entrepôt. Au premier étage Messieurs les Intendans de la santé tiennent leurs séances dans une assez grande salle dont les croisées, portes vitrées, s'ouvrent sur une terrasse d'où l'œil s'étend sur la Darse et une grande partie de la rade, les bureaux des employés de l'administration servent pour ainsi dire d'antichambre à cette salle.

Le soin de veiller à ce que des passagers ou des marchandises provenant de lieux infectés, ou seulement suspects d'être atteints par des maladies contagieuses, ne puissent s'introduire sans précaution dans la ville ou son territoire, était de temps immémorial dans les attributions des chefs du conseil municipal, c'était eux que l'on devait fournir tous renseignements propres à justifier l'état sanitaire des lieux de provenance, mais les fonctions de ces chefs, Syndics ou Consuls, s'étaient tellement surchargées par les affaires de la communauté, que l'on songea à les alléger en leur donnant des adjoints spéciaux, pour tenir la main à l'exécution des réglements concernant l'entrée et la sortie des bâtiments; cette mesure fut prise à l'occasion de la peste qui ravageait la Provence et dont Toulon ne fut que menacé en 1563. Ces adjoints prirent le nom de Subrestans et l'échangèrent contre celui d'Intendans de la santé en 1600. Élus en même temps et de la même manière que les autres officiers de la communauté ils se réunissaient à l'Hôtel-de-Ville, et rendaient compte au conseil de leurs recettes et de leurs dépenses. Leur nombre a varié de quatre à huit jusqu'en 1733. Alors, par ordonnance du Roi il fut fixé à dix dont les deux consuls sortant d'exercice, faisaient nécessairement partie: cet ordre de choses a duré jusqu'à la révolution. Depuis ce temps la nomination des intendants de santé a été réservée à l'autorité supérieure; l'administration municipale présentant les candidats. Depuis 1822, c'est le Ministre du commerce qui nomme les intendants de la santé, d'après des listes de candidats que dresse et transmet le Préfet du département.

A l'époque de la création des Subrestans, les gardiens ou surveillans, les préposés aux déclarations avaient pour bureaux une barraque en bois, placée à quelque distance de la ville, soit du côté de Castigneau soit sur la plage du Mourillon; cette barraque ou logette, ainsi qu'on la nommait alors, fut transportée ou construite en 1655 à l'endroit où se trouve la Consigne actuelle. Brûlée le 16 août 1691 par l'incendie qui consuma la boulangerie du Roi, elle fut rebatie en pierre, puis agrandie en 1713. Ce n'était toute fois qu'un rez-de-chaussée sur lequel on a élevé un étage, et devant lequel on a bâti la galerie couverte. Cette réparation terminée en 1745 a coûté 21500 livres.

Tout l'espace de la rade qui, du pavillon de la consigne, s'étend jusqu'au bâtiment démâté nommé la Patache, corps de garde de la marine, dépôt où l'on retient provisoirement les marins arrêtés par mesure de police, est réservé pour le service de la marine; il était autrefois occupé par les galères qui y furent amenées en 1610 et y démeurèrent jusqu'en 1648. Sur la rive occidentale on construisait les navires de l'état, on les lançait à l'eau, on les carenait. C'est en procédant à cette opération qu'en 1644 deux vaisseaux ont été incendiés, accident que nous avons vu se renouveler sur le trois ponts le *Trocadero* en 1836.

Les bâteaux à vapeur qui font un service de transport régulier de Toulon à l'île de Corse et *vice versâ*, les rafiots des patrons qui parcourent la rade en tous sens au gré de ceux qui s'embarquent, les bateaux des pêcheurs sont amarrés au quai depuis la Patache jusqu'à la partie qui, s'avançant dans la Darse, forme la la place dite de l'Hôtel-de-Ville, laquelle à la prendre du pied des maisons à 30 mètres de largeur sur 90 de longueur. Sur cette place pavée, (comme l'est le quai depuis la Consigne jusqu'à la rue du Cours) en briques symétriquement encadrées par de larges cordons de pierres de taille, avait été posée, le 30 ventose an VII, (20 mars 1797) jour où l'on célébrait avec pompe la fête de la souveraineté du peuple, une statue en pierre représentant la liberté. Cette statue dont l'exécution n'était pas sans mérite qui, suivant les expressions d'un écrivain du temps, « fesant face au midi, semblait, soit « par sa stature colossale, soit par son air mar« tial, dire à la mer, qu'un jour comme le conti« nent elle ferait partie de son domaine » disparut pendant la nuit au commencement de 1803, par un ordre secret du gouvernement consulaire. Elle fût démontée, placée sur un ponton qui transporta les différentes pièces dont elle était composée, du côté de la grosse tour où elles ont été jetées dans la mer. Si le hazard dans quelques siècles en met à découvert une partie quelconque, que de conjectures formeront les archéologues futurs, que de commentaires ils feront pour retrouver le nom de son auteur (1) et l'époque de sa fabrication.

Mais c'est vous arrêter trop long-temps, vous brûlez d'envie de contempler les cariatides si vantées qui soutiennent le balcon de l'Hôtel-de-Ville, dont voici la façade principale. Regardez !... je renfermerai en moi-même les sensations que j'éprouve en voyant ce chef-d'œuvre de Puget, je n'ai pas assez de connaissances pour peindre l'admiration que sa perfection

---

(1) Marcelin Dutoit maître sculpteur à l'Arsenal.

excite chez tous ceux qui sont en état de l'apprécier. Je me contenterai de vous dire : que ces Atlas ont été exécutés en 1656 au prix fait de 1500 livres : que la grande croisée qui s'ouvre sur le balcon, était jadis, d'après les dessins de Puget, décorée de pilastres à panneaux et enroulements sur les côtés, supportant un fronton demi circulaire denticulé, dans le tympan duquel était un cartouche où l'on avait gravé une inscription en l'honneur du Roi, le tout couronné d'un amortissement ; que sur les rampans de cet amortissement deux figures accoudeés aussi grandes que nature représentaient la force et la prudence ; qu'au milieu s'élevait un trophée d'armes et de drapeaux, surmonté d'une console sur laquelle était placé le buste de Louis XIV adolescent, ouvrage du sculpteur Nicolas Levrai, à qui il fut commandé en la même année 1656 et payé 1200 livres. Ce buste a été détruit, avec une partie des ornemens que nous venons de décrire, après le 10 août 1792; le reste a disparu, dix ans après, lorsque l'on a exhaussé d'un étage l'Hôtel-de-Ville; les bustes des saisons sont de la main de Louis Hubac. On entre à l'Hôtel-de-Ville par trois portes différentes, la principale sous le balcon dont l'imposte en fer a été dessinée par Puget et exécutée par les Sieurs Langier et Garnier serruriers habiles, la seconde du côté du levant ouverte en 1772 au dessus de laquelle on voyait les armes de la ville (croix d'or sur fond d'azur) briller sur un écu, au milieu de guirlandes de fleurs et de fruits entrelacées, et au dessous dans l'imposte en fer, en lettres de même métal, *parva concordiâ*, *crescunt*.

La troisième et la plus ancienne est du côté du Nord dans la rue d'Orléans.

Par les deux premières on entrait de plein pied dans une vaste salle servant de bourse aux commerçants, et de vestibule à une chapelle dediée à St Jean, construite en 1723, aux frais des négociants et de tout ce qu'il y avait de plus honorables citoyens dans la ville, on y célébrait la messe tous les jours. Le chapitre de la cathédrale était tenu d'y venir processionnellement la veille de la fête du Saint, chanter le Salut après lequel il assistait au feu de joie qu'allumaient en cérémonie, MM. les consuls ayant à leur tête le Commandant de la place qu'ils allaient chercher à son hôtel, à cette occasion comme en toutes celles où ils avaient droit de préséance en qualité de lieutenants de Roi

La chapelle dégradée pendant les premières années de la révolution, est devenue une prison pendant sa durée : que de malheureux y ont été entassés et y ont puisé le germe de maladies mortelles dans l'humidité de ses murs et de son pavé. En 1815 la proposition de rétablir la chapelle fût accueillie par le conseil municipal, mais on n'y a pas donné suite.

Avant d'entrer à l'Hôtel-de-Ville par la rue d'Orléans, arrêtez-vous un instant pour examiner la maison qui lui est diagonalement opposée. La belle corniche qui en fait le pourtour, la pûreté et l'élégance des sculptures dont les façades sont revêtues, révèlent le nom du propriétaire qui l'a fait bâtir. Ce propriétaire était Puget, qui ne se contentant point d'un embellissement extérieur, avait enrichi les appartements de peintures précieuses, parmi lesquelles on citait, comme un tableau divin, celui formant plafond, qui représentait les trois Parques. Cette maison, passée entre les mains de la famille Granet, famille qui a fourni des premiers magistrats à la ville et à la Sénechaussée, a été dévastée comme propriété d'émigré, et les chefs-d'œuvre qu'elle renfermait ont été pillés ou détruits. Le second étage est loué par la ville depuis 1832, et mis à la dispositions des protestants qui s'y réunissent pour l'exercice de leur culte. C'est la première fois que les disciples de Calvin ont obtenu l'autorisation de s'assembler patemment dans une ville qui se glorifiait d'être éminemment catholique. Lorsqu'en 1681 l'ordre de démolir les temples des protestans dans toute la Provence, émana de la Cour, Toulon n'eût point à l'exécuter, il n'en existait ni dans son enceinte, ni sur son territoire; cependant plusieurs familles devaient être ou avoir été attachées au protestantisme, car en 1602 Henry IV enjoignit à la communauté de leur assigner un cimétière particulier.

L'Hôtel-de-Ville se compose de deux maisons bâties successivement et adossées l'une à l'autre. La première qui a été construite est celle dont l'entrée a lieu par la rue d'Orléans, elle ne fût élevée d'abord que d'un étage sur la moitié du sol que le conseil avait conservé pour cet usage : au commencement du XVIIe siécle. En 1607, on l'élargit en bâtissant sur le quai un rez-de-chaussée et deux étages, on y travailla par intervalle depuis cette année jusqu'en 1635, qu'on exhaussa d'un étage la partie Nord, et l'on forma un tout, dont la différence des époques de construction se remarque encore par celle du niveau des planchers. Le lourd et roide escalier doit être incessamment changé, et l'on mettra probablement en harmonie avec l'élégante décoration du nouveau vestibule, dont moitié est destinée à servir de bourse de commerce, cette massive arcade faite en 1609, afin de communiquer de l'ancien bâtiment au quai, en traversant le rez-de-chaussée de celui qu'on se proposait d'élever. Dans l'état actuel, les bureaux de la Mairie sont placés dans la portion de l'hôtel, qui prend ses jours sur la rue d'Orléans. Le premier étage de la partie qui a vue sur le quai, est occupé en entier par un vaste et beau salon, ancienne salle consulaire, où le conseil général tient ses séances, où ont lieu les grandes réunions de citoyens : ce salon se transforme par fois en salle de concert ou de bal ; au second étage, un long vestibule, ou salle d'attente, sépare le cabinet du maire de la chambre ordinaire du conseil; le troisième étage disposé en 1837 pour la conservation des archives, se compose d'un vestibule qui précède le cabinet de l'archiviste, et sert d'autichambre à deux grandes salles dont le pourtour est garni d'armoires. L'une de ces salles dite des vieilles archives, renferme au delà de trente mille pièces manuscrites, tant en régistres qu'en liasses et carton, dont les plus anciennes sont du XIIIe siècle, et les plus récentes de l'année 1788.

L'autre contient tout ce qui concerne l'administration municipale ou qui émane d'elle depuis 1789 jusqu'à l'année courante.

Dans une armoire du cabinet de l'archiviste, indépendamment d'un certain nombre de pièces imprimées ou manuscrites qui se rattachent à des faits historiques, on trouve une ample collection de lettres revêtues de la signature autographe d'anciens Comtes de Provence, de Rois de France, depuis François 1er jusqu'à Louis XVI, de Reines, de Princes, de Prélats, de grands Senéchaux, de Gouverneurs, de Ministres du XVe siècle, jusqu'à nos jours.

Les appartements du second étage, et souvent l'Hôtel-de-Ville entier étaient offerts aux Rois, aux Princes, aux grands personnages qui honoraient la cité de leur présence, et y faisaient quelque séjour. C'était un fort ancien usage, car on trouve dans de vieux régistres que Charles IX, sa mère, et le duc d'Orléans, depuis Henry III et le jeune Roi de Navarre, (Henry IV), en 1564; Marie de Medecis, en 1600, avaient logé dans la maison commune. Dans l'édifice actuel pour ne citer que les plus marquants des hauts dignitaires qui y sont descendus :

Louis de Valois, comte d'Alais gouverneur de provence, fils de Charles d'Angoulême, batard du Roi Charles IX et de Marie Touchet, s'y sont établis plusieurs fois pendant qu'il fut gouverneur de Provence, c'est-à-dire de 1653 à 1650. Louis de Vendôme duc de Mercœur qui lui succéda, y logea en 1653, Louis XIV et la Reine sa mère, en 1660, le Roi d'Espagne Philippe V et ses frères les duc de Bourgogne et de Berri, en 1700; la Reine d'Espagne en 1701, le comte de Toulouse grand amiral en 1702, le maréchal de Villars en 1716, le duc son fils en 1738, l'infant d'Espagne don Philippe en 1742, le duc de Penthièvre en 1743, le maréchal duc de Richelieu en 1756, le duc de Chartres père de notre Roi Louis-Philippe en 1776, Monsieur Comte de Provence, depuis Louis XVIII, en 1777.

Pour loger ces seigneurs et leur suite les appartements de l'hôtel étant souvent insuffisants, on louait ou plutôt on mettait en réquisition la maison voisine dont on perçait la muraille afin d'établir les communications indispensables, on indemnisait à la vérité le propriétaire du dérangement qu'il éprouvait, mais les circonstances qui l'exigeaient se renouvelaient si fréquemment, qu'on lui porposa en 1756 de vendre sa maison à la communauté, il y acquiesça : l'offre de 18000 livres ne lui convint pas, il en demandait 20,000 fr., et le conseil municipal d'alors par une économie mal entendue, (1) manqua l'occasion d'agrandir l'Hôtel-de-Ville, occasion qui s'est reproduite en 1836, et que le conseil municipal, en commettant la même faute, a laissé échapper. L'Hôtel-de-Ville, depuis la construction sur le Champ-de-Bataille de celui qu'occupe le commandant supérieur de la marine, n'a été cédé que fort rarement pour loger des puissances. Une ou deux pièces étaient mises accidentellement à la disposition des Préfets ou des Officiers-généraux des armes de terre, les maréchaux de France de Bourmont et Clausel, sont les derniers qui s'y soient installés en 1830. Depuis lors le mobilier indispensable à l'habitation, a été vendu, et nul étranger ne put être admis à y loger, même pour quelques jours.

Il n'en était pas de même avant la révolution, la lieutenance de Roi étant attachée au consulat, celui des consuls qui se trouvait en ville pendant l'absence du commandant de la place, ou durant la vacance de cette charge en faisait l'office, il couchait à l'Hôtel-de-Ville, un factionnaire était placé à la porte : ce consul donnait le mot d'ordre, décachetait et transmettait ceux adresés par la Cour au commandant, passait la garnison en revue, présidait les conseils de guerre, cette prérogative fit naître par fois de vives discussions de la part des chefs de corps

---

(1) Elle avait été évaluée 17297 fr. per les experts jurés, à laquelle somme ajoutant le quint en sus, sa valeur pour la ville était de 19357,

qui voyaient avec dépit des bourgeois en chaperon commander à des militaires. Ces discussions portées devant le conseil d'Etat, ont toujours été terminées à l'avantage d'une cité, qui jusqu'au régne d'Henry IV, n'avait point eu de gouverneur particulier, dont la défense et la garde étaient depuis un temps immémorial confiées à la vigilance de ses premiers magistrats, qui s'en acquittaient de manière à mériter que Louis XIV, en refusant de prendre les clefs de la ville qui lui furent présentées par Charles Gavot, premier consul, lui adressa ces paroles : Gardez-les, bon père, elles sont bien entre vos mains. M. de Courcelles est le premier qui ait occupé la charge de commandant de la place, (1) il y fut nommé en 1679 : les consuls conservèrent le titre et les honneurs de lieutenants de Roi, et c'est en cette dernière qualité qu'ils

---

(1) La nomination d'un gouverneur fut extrêmement sensible à la ville, encore que l'on conservât ses à consuls, la lieutenance de Roi, M. de Soliers, qui fut le premier pourvu de cette charge, ne lui fit point oublier l'atteinte portée à ses anciens priviléges : Le brave Crillon qui vint après M. de Soliers, adoucit par ses hautes qualités l'amertume de ses regrets; mais lors qu'en 1611, il fut remplacé par M. de St-Cannat fils de M. de Soliers, le séjour de celui-ci fut pendant dix ans la cause des dissentions qui régnèrent dans la ville, dont les habitants agissant pour ou contre le gouverneur, formèrent deux partis, dont l'un s'appelait des Poiriers et l'autre des Pommiers. Le chevalier Claude de Garnier, succéda a M. de St-Cannat, décédé en 1647, et mourut lui-même, deux ans après les deux derniers titulaires de la charge de gouverneur. Jules Cardinal Mazarin, et Cesar duc de Vendôme, fils naturel d'Henry IV, n'ont point résidé à Toulon, et le commandement de la place fut exercé exclusivement par es consuls, depuis 1649 jusqu'en 1679.

jouissaient du droit de préséance dans les cérémonies publiques sur les officiers de la Sénéchaussée, qui le leur ont souvent et inutilement disputé.

Dans la grande salle consulaire se fesait l'élection annuelle des citoyens qui devaient remplir les charges municipales : si l'époque et la forme de l'élection ont subi quelques modifications, le nombre des conseillers est toujours resté le même, mais l'expérience ayant démontré qu'il était avantageux aux intérêts de la communauté de ne pas voir chaque année des hommes nouveaux à la tête de ses affaires, elle fut autorisée à élire un quatrième consul, et par arrêt du conseil d'état de 1739, les consuls furent annuellement renouvelés par moitié : cette sage mesnre ne fut appliquée qu'en 1758 à l'élection des conseillers.

A la création du syndicat et en 1319, il ne devait y avoir que deux syndics, un troisième fut ajouté peu d'années après. Les syndics obtinrent en 1522 de Réné batard de Savoie grand sénéchal de Provence l'autorisation de changer leur non contre celui de consuls et en 1535, de porter le chaperon comme marque de leur dignité. Les premiers syndics nommés en 1319, ont eté MM. Etienne Doumet et Raymond Thoron, (1) et messieurs Eynaud, Meyffrun et Roubaud les derniers consuls entrés en charge en 1789. M. Roubaud resté seul à la tête de l'administration étant décédé le 2 janvier 1790,

---

(1) Stephanus de Ulmeto Raymundus de Thorono.

le doyen des conseillers, M. Richard, fut unanimement désigné par le conseil, pour lui succéder en attendant la mise en vigueur des lois nouvelles et décrets de l'assemblée nationale concernant l'organisation des municipalités ; le jour des nouvelles élections étant survenu il réunit la majorité des suffrages et fut ainsi proclamé 1er maire constitutionnel.

C'est pendant le consulat de M. Rouband que les premiers désordres, enfans de la révolution se manifestèrent à Toulon. C'est de la salle consulaire où le conseil-général et les commissaires choisis pour l'examen du cahier des doléances du tiers état, étaient réunis le 23 mars 1789, qu'il fallut pour les soustraire à la mort faire esquiver, non sans qu'ils eussent été injuriés et grièvement frappés M. Lantier de Ville-Blanche, homme considéré, ancien premier consul, et député aux états de Provence, et M. Baudin procureur de la commune.

Aux murs de la salle consulaire on voyait autrefois suspendus, les portraits des rois, des reines de France depuis Henry IV, et d'autres souverains; ceux de divers consuls et de commandans de la place, d'intendans de Provence parmi les quels on remarquait celui de M. des Gallois de Latour, à qui le tiers état décerna une couronne civique en 1789, et que l'on signala peu à près comme un ennemi de ce même tiers. Le buste en marbre blanc de M. Grignan, donné par lui à la ville en 1712, ornait la cheminée de même matière qui y fut posée en 1731. Sur deux tables de marbre noir, étaient rappelés en lettres d'or les services rendus à la ville par M. l'évêque de Chalucet, pendant le siège de 1707 (1), et par son successeur M. de Latour Dupin Montauban durant la peste eu 1721.

Le jour de la fête de St-Jean-Baptiste tous ces portraits et d'autres tableaux, tels que celui qui représentait l'arrivée et le débarquement en 1543, de l'armée Turque commandée

---

(1) ARMANDO LUDOVICO BONIN
DE CHALUCET
EPISCOPO TOLONENSI.
QUOD URBE TERRA MARI QUE A GERMANIS
ANGLIS BATAVIS ET SABAUDIS OBSESSA,
INTER MISSILES HOSTIUM IGNES,
ET DISJECTÆ DOMUS MINAS INTREPIDUS,
OPTIMATES CONSILIO, ET EXEMPLO FIRMAVIT;
PLEBEM FRUMENTO ET PECUNIA JUVIT;
CONSULES ET CIVITAS TOLONENSIS,
POST DEPULSOS HOSTES, GRATI ANIMI
MONUMENTUM.
P. P.
ANNO MDCCVII.

PETRO LUDOVICO **DE LATOUR DU PIN**
DE MONTAUBAN
ULTERI BARROMOEO
QUOD DOMOS PESTE AFFLICTAS
INTERRITUS INVISIT;
PECCATA CONFITENTES AUDIVIT
OBLITUS SUI
NOTIS, ET LATENTIBUS MISERIS
SUCURRIT,
IRAE DEI PRO GREGE SUO
COLLUM NON ILLOESUM SUBMISIT;
CONSULES ET CIVITAS TOLONENSIS
PONI CURAVERE,
ANNO MDCCXXII.

par Barbe-Rousse, le plan de Toulon peint en 1581, le siège de 1707, la peste de 1721, et des sujets de dévotion placés dans les appartemens de l'hôtel, étaient exposés à la curiosité du public dans la grande salle du rez-de-chaussée. La révolution de 1789 les a fait lacérer ou disperser; l'Empire a chassé les emblêmes de la République; la Restauration a banni le portrait en pied de Napoléon; 1830 a exilé ceux de Louis XVIII et de Charles X.

Reprenons le quai; l'eau de la fontaine qui touche à l'hôtel-de-ville, jaillit du piédestal d'une pyramide érigée en 1824. au dessus de laquelle est une tête de Janus, ouvrage de Louis Hubac, sculpteur distingué, que la mort, en 1829, a enlevé trop tôt à l'art dans lequel il avait acquis une réputation méritée.

Toute la partie du quai qu'il nous reste à parcourir est réservée, ainsi que la place de l'hôtel-de-ville, à l'amarrage des bâtimens de commerce on les y charge, on les y décharge, on y procède à leur réparation.

L'emplacement couvert de magasins que nous voyons à l'est de la Darse, se nomme le Parti. Ces magasins, propriétés particulières, édifiés à l'époque où les négocians de Toulon, avaient l'espoir d'établir des relations commerciales plus étendues, et de voir arriver dans leur port des bâtimens venant de l'Inde, ont été loués pendant longues années pour le service de la marine, et le sont encore sinon, en totalité du moins en partie, pour celui du munitionnaire de la guerre.

Le côté Sud-Est de la rade, où la Ponche rimade a l'extrémité de laquelle était n'aguères l'abattoir pour le service de la marine, se divisait jadis en deux portions dont, l'une était destinée à la construction et au raboub des bateaux pêcheurs, l'autre à la construction des navires. Cette branche d'industrie a eu beaucoup d'importance. Les maîtres ouvriers possédaient à la Ponche rimade des cabanes pour serrer leurs outils et ustensiles : chacune de ces cabanes bâtie sur le territoire qui appartenait à la ville était soumise envers elle à la modique redevance d'un sol de cens annuel.

Un des derniers constructeurs, dans l'espace de 31 ans, de 1755 a 1786, y a fabriqué soixante et quinze bâtimens de commerce tant grands que petits, indépendamment de deux chebecks de guerre pour la république de Vénise, de deux gabarres ou flûtes, d'un grand nombre de pontons, de chalans, de petites gabarres pour la marine royale. Ces détails que j'ai puisés dans un mémoire remis par ce même constructeur à la municipalité en 1790, prouvent combien il serait intéressant de favoriser à Toulon un établissement de ce genre, où lorsque l'arsenal ne les employait pas, les ouvriers trouvaient du travail et du pain, et restaient sous la main du gouvernement.

Les vaisseaux hors de service qui nous dérobent la rue du môle et de la fortification, sont les casernes des équipages de ligne. C'est sur un de ces bâtimens qui a conservé ses mats, ses vergues et autres agrès que l'on exerce les novices aux premières manœuvres.

Sortons de la ville par la porte qui est devant nous, sa construction, aux frais de la ville est toute récente, elle n'a été achevée qu'en 1834. Cette ouverture pratiquée dans les vieilles fortifications, épargne aux habitans de ce quartier le long détour qu'ils étaient obligés de faire pour aller au fort la Malgue, à la grosse Tour, aux bastides qui les environnent. Faisons comme eux afin de visiter les travaux commencés pour l'établissement d'un port marchand à la confection duquel la ville et le gouvernement contribuent pour moitié. L'adjudication de l'entreprise a eu lieu au mois d'août 1838. Les travaux ont été commencés l'année suivante ; déjà les murs de soutènement des quais, sont à niveau du sol du pavé dont les matériaux sont sur place. D'immenses mouvemens de terre ont été effectués, ils seraient bien plus considérables si des pluies extraordinaires dont la durée a été de plus de trois mois, n'avaient nécessité le renvoi des ouvriers.

Le projet de construire un nouveau port, de bâtir à l'entour des magasins et des maisons d'habitation dans la vue de donner plus de facilité et d'extension au commerce, d'agrandir la ville en proportion de l'augmentation du nombre des habitans, avait été conçu dès le milieu du siècle dernier ; ce projet alternativement abandonné, puis repris, fut enfin poursuivi avec persévérance en 1785 et 1786. Les ministres de la guerre et des finances paraissaient disposés à acquiescer à son exécution grandiose, car il s'agissait d'embrasser une plus grande étendue de terrein : et, afin de ne bâtir ni un faubourg ni presque une seconde ville, il entrait dans le plan des ingénieurs d'abattre la muraille, de combler les fossés et de rattacher par des ouvrages d'art les fortifications de la ville à celles du fort la Malgue à les prendre au Sud de l'angle rentrant du bastion des minimes.

Les grands événemens politiques ont détourné les esprits d'un objet aussi important ; quand il a été question de faire le port que l'on creuse actuellement, je doute que l'on ait consulté l'ancien plan ; si on l'a fait toutefois il a pu être jugé inexécutable par le génie militaire, soit comme étant trop dispendieux, soit ce qui serait pire comme étant contraire aux règles de l'art : mais il semble à beaucoup de personnes que le génie militaire aurait dû reculer la barrière qu'il vient d'opposer à ce que les bâtisses que l'on se propose de faire fussent plus en rapport avec les besoins. Il ne fallait pour cela que porter à vingt ou trente mètres plus loin le chemin couvert et le large fossé qui le défend.

Sur cet emplacement qui n'était qu'un marais, il y a peu d'années, s'élèvent des maisons particulières. Dans l'une d'elles, la plus grande, un industriel Toulonnais vient d'établir une usine pour la fabrication des machines à vapeur.

Sous ce pont élargi en 1798 coule le ruisseau de l'Eygoutier qui prend sa source sur le territoire d'Hyères, reçoit celui qui arrose les champs de la Valette, en traversant la plaine de la Garde et dont les eaux qui se jetaient dans la rade entre le Mourillon et le bastion de la Ponche rimade ont été détournées pour être conduites dans la mer entre la grosse Tour et le fort St-Louis par un canal creusé par les ordres du maréchal de Vauban. C'est dans l'ancien lit de ce ruisseau appelé alors de la Manégue qu'en 1192 des troupes détachées d'une flotte turque se cachèrent en attendant la nuit, afin de surprendre la ville par terre, tandis que ses défenseurs ne seraient occupés qu'à combattre les ennemis qui l'attaqueraient par mer.

Franchissons le pont et gravissons le chemin couvert qui conduit au fort la Malgue, il vient d'être très récemment mis en état de défense par de nouvelles constructions. Nous laisserons à notre droite un magasin à poudre commencé en 1826, dont la voute est à l'épreuve de la bombe, et le télégraphe placé en 1820.

Munis d'une permission nous entrerons dans le fort la Malgue (1) citadelle aussi redoutable à une armée étrangère que ses casemates con-

---

(1) Le corps du général Joubert tué à la bataille de Novi le 15 août 1799 fut reçu avec respect par la population toulonnaise le 24 du même mois et déposé à la suite d'une cérémonie funèbre dans une salle du fort la Malgue. Le 28 octobre suivant le conseil municipal délibéra de lui ériger un mausolée, et sollicita du gouvernement l'autorisation de donner au fort la Malgue le nom de fort Joubert en mémoire de ce brave guerrier. Le mausolée n'a point été construit et le fort a conservé son nom de Malgue. Le corps du général a été transféré en 1818.

verties en prison ont dû paraître effroyables aux nombreuses et innocentes victimes de la fureur des partis. Les conventionnels Baile et Beauvais y sont enfermés en 1793 par l'ordre des sections, le premier fut trouvé mort dans son cachot, lorsque les républicains rendirent le second à la liberté, il ne survécut que trois mois à sa sortie.

La hauteur sur laquelle le fort la Malgue est construit a dû en cas de menaces ou de préparatifs de guerre être toujours considérée comme un point dont il était très important de défendre l'accès aux ennemis, mais jusqu'en 1764 on n'y avait établi que de simples redoutes, que des espèces de retranchemens dont l'entretien était négligé quand le danger était passé. C'est le 5 novembre de cette année 1764 qu'a été posée la première pierre de cette citadelle; on peut bien lui donner ce nom tant à cause de son étendue que par l'admirable travail de ses fortifications. Elle peut loger dans les bâtimens qui enclosent la première cour, dans les casemates adossées aux fortes murailles de son enceinte, une garnison de 1,500 hommes. De la seconde cour ou Préau, nous aurons une vue magnifique, du côté de la mer, sur la rade, le Goulet, le fort Ste-Marguerite, sur la batterie basse, qui, par des galeries souterraines, communique avec le fort la Malgue, et dont les feux se croisent avec ceux des batteries placées au pied de la montagne de Cepet.

Du côté de la terre nos regards se reposeront

sur les côteaux où la vigne produit ce vin renommé, la Malgue, sans contredit le meilleur de tous ceux qu'on récolte dans le département du Var. Quel dommage que l'on ne donne point à la culture du plant qui le fournit tous les soins qu'il mérite, et que l'on trouve à ses côtés des plants de qualité inférieure. Pourquoi, dans l'intérêt du profit que la contrée retirerait de sa pureté, ne peut-il surgir une ordonnance semblable à celle rendue par le duc de Bourgogne en 1344 ! Ce prince donna aux vignerons l'ordre, « de coper et extirper dans ung mois le « Gamais, ung très mauvais et déloyau plant, « qui moult dommage la côte d'où N. S. P. le « pape et monsieur le roi ont accoutumé par « préférence de faire leur provision. » Pardonnez cette digression à un appréciateur des trésors de Bacchus.

Suivez de l'œil la cîme pelée des montagnes qui encadrent si pittoresquement, et mettent à l'abri des vents du Nord le paysage varié que vous avez à vos pieds. La partie la plus orientale de ces montagnes se nomme Coudon. Point de remarque pour les navigateurs comme l'un des plus élevés de la chaine qui borde le littoral de Toulon à Frejus, chaine dont la hauteur moyenne est de 600 mètres au dessus du niveau de la mer.

Devant vous est la montagne de Faron : à son sommet vous appercevez une redoute, dite la croix de Faron, et au dessous une caserne fortifiée, pouvant contenir 400 hommes, dont les fondations ont été jetées en 1767. Cette position est une des plus importantes à défendre pour la sûreté de la ville, et contre laquelle l'ennemi dirigera toujours ses efforts pour s'en emparer. C'est pour avoir négligé les mesures propres à s'y maintenir que le duc de Savoie qui s'en était rendu maître pendant le siège de 1707, vit les troupes qui défendaient la ville, après avoir tourné les hauteurs, se précipiter le 15 août sur les siennes, se signaler dans un combat où il perdit beaucoup de monde, dont les suites furent de le forcer à une retraite honteuse.

Lorsque les royalistes Toulonnais apperçurent le 17 décembre 1793 le sommet de Faron couvert de nouveau de troupes républicaines, qu'ils en avaient chassées le 1er octobre précédent, et contre lesquelles leurs tyrans protecteurs ne leur permirent pas de s'élancer pour les en culbuter, ils désespérèrent du salut de la place, et prévirent trop tard les suites funestes d'une aveugle confiance accordée à de perfides alliés.

Plus bas est le fort Artigue, ainsi appelé du nom du propriétaire du sol sur lequel il est bâti. Il a été commencé en 1708, et achevé deux ans après. Une compagnie est nécessaire à sa défense, on vient de le réparer, et de mettre en bon état l'enceinte altérée par le temps.

Le fort Ste-Cathérine, plus grand, mieux fortifié que les précédens, protégé par des ouvrages avancés, touche à la grande route, et fait le centre de la ligne de défense des forts Faron,

Artigue et la Malgue. Sur le plateau du monticule où il est assis, existait de temps immémorial une chapelle sous le vocable de Ste-Cathérine, où se rendaient annuellement pendant les Rogations le chapître de la cathédrale et le clergé régulier. A l'approche du siège de 1707 le marquis de St-Pater la fit démolir et remplacer par une redoute dont les ennemis s'emparèrent le 28 juillet, et qu'on leur reprit le 15 août. Les habitans du quartier, et les propriétaires des Bastides voisines firent rebâtir à leur frais une autre chapelle plus grande, plus ornée que l'ancienne ; comme sa dévancière elle a été détruite lors qu'on commença en 1764, la construction du fort actuel à la perfection duquel le génie vient encore de faire travailler.

L'heure de dîner s'avance, mon cher Albert, reprenons par les dehors de la ville le chemin de la Bastide ; tout en marchant je vous dirai un mot sur le village de la Garde, et sur son vieux château, dont les ruines ont attiré votre attention, et ce sera avec d'autant plus de plaisir, que cela me fournira l'occasion de vous rappeler un fait historique, qui fait honneur aux Toulonnais ; et qu'à mon défaut de mémoire suppléera une brochurette que j'ai dans ma poche.

La Garde, commune dont dépend le Hameau de Ste-Marguérite, est située à 8 kilomètres de Toulon. C'est un village ancien, bâti sur le versant Sud-Ouest, d'une colline au sommet de laquelle s'élevait un château de forme quadrangulaire, flanqué de tours aux quatre coins, entouré de hauts remparts que soutenaient d'épaisses murailles crénelées, dont l'abord était défendu par des fossés profonds qu'on ne franchissait que sur un pont levis, double fermeture de la porte surmontée d'un machicoulis par laquelle on pénétrait dans son enceinte. Un vaste corps de logis pour le seigneur châtelain, d'autres bâtimens de moindre apparence pour ses hommes d'armes, et ses commensaux, au milieu une cour carrée reservée pour les ébats ou la réception des vassaux composaient l'intérieur; au dehors et non loin des murs on trouvait une chapelle qui a servi de Paroisse jusqu'à la construction de l'Eglise que, pour leur commodité, les habitans ont fait bâtir au bas du village.

Le château où les colons des environs pouvaient trouver un asyle avant l'invention de la poudre, ne fut plus en état de les protéger contre l'invasion des ennemis, lui même devint presque toujours la proie des premiers qui se présentaient. Cependant comme sa position semblait favorable à la résistance, et que des rebelles s'y étaient réfugiés, Toulon en 1595 eût à fournir des hommes et des munitions pour en faire le siège. L'expédition ne fut pas longue, le château fut fortement endommagé, et depuis ce temps il a cessé d'être considéré comme un lieu fortifié.

Le territoire de la Garde incondé pendant l'hiver, et toujours exposé à l'être pendant l'été, à la suite de violens orages, est le plus fertile du canton. La vigne donne sur ses côteaux des produits exhubérans, les céréales et les légumineuses répondent par leur abondance aux travaux du cultivateur, les oliviers et les figuiers s'y chargent de fruits On y rencontre enfin à peu de distances l'une de l'autre, de charmantes maisons de campagne.

Lisez maintenant l'histoire de la reddition de la ville de Toulon en 1524.

REDDITION DE LA VILLE DE TOULON

EN 1524.

A l'avant-garde de l'armée impériale commandée en chef

PAR LE DUC DE BOURBON.

Documens inédits à ce sujet et au projet formé en 1531 par François Ier de forcer les citoyens de cette ville à transporter leur habitation, et à bâtir maisons auprès de la Grosse Tour.

(Extrait des Archives de l'Hôtel-de-Ville de Toulon.)

Comblé des faveurs de François Ier qui, la première année de son règne, l'avait élevé à la dignité de Connétable à l'âge de 26 ans, Charles Duc de Bourbon les avait méritées par une bravoure à toute épreuve, par le sang-froid qu'il conservait au milieu des dangers, par sa valeur poussée peut-être jusqu'à l'imprudence à la bataille de Marignan. Un procès injuste que lui suscita Louise de Savoie, Duchesse d'Angoulème, mère de François, dont il n'avait pas voulu, à ce qu'on prétend, dit le Président Hénault, reconnaître les tendres sentimens, lui fit oublier quelques années après ce qu'il devait à son Roi. Vice-Roi du Milanais dont il avait gagné tous les cœurs par son affabilité, il se ligua secrètement avec l'Empereur et le Roi d'Angleterre. Sa trame est soupçonnée, il s'évade furtivement, et, Français dénaturé, traitre à sa patrie, il ternit ses exploits par une action dont il ne recueillit que le mépris de la part de ceux mêmes aux armes desquels il associa son épée (1).

Au commencement de l'année 1524 il rejoint sous Plaisance les généraux de Charles-Quint, il marche avec eux en avril à la poursuite de ses compatriotes à la retraite de Rebec. Témoin des derniers momens du Chevalier sans peur et sans reproche à qui il essaie d'exprimer son déplaisir de le voir mortellement blessé, il entend sortir de la bouche du héros ces paroles mémorables : « Prince ! ce n'est pas moi qu'il faut « plaindre c'est vous qui portez les armes contre « votre patrie. » Ces paroles propres à faire naître le remords dans l'ame de celui à qui

---

(1) Un seigneur espagnol nommé le marquis de Villane, ne voulut point prêter son palais pour y loger le Connétable de Bourbon, dans le temps que celui-ci se flattait encore de l'espoir d'épouser Eléonore sœur de Charles-Quint, veuve d'Emmanuel, roi de Portugal, et sur l'étonnement de ce refus témoigné par Charles-Quint, voici, d'après Guichardin, la réponse du Marquis : « Je ne puis rien refuser à Votre Majesté, mais je lui déclare « que si le duc de Bourbon entre dans ma maison je la brû- « lerai comme un lieu infecté de la perfidie, et par conséquent « indigne d'être jamais habité par des gens d'honneur. »

elles étaient adressées, à le faire rentrer en lui-même, à le ramener dans le sentier de l'honneur, effleurèrent à peine un esprit emporté par la vengeance, aveuglé par l'ambition. Sourd à la voix de la patrie qui lui parlait envain le Duc de Bourbon, à la tête des Impériaux dont Charles-Quint lui avait confié le commandement, avec le titre de son Lieutenant-Général, entre en Provence, en réduit les principales places, et va mettre le siège devant Marseille.

Pendant les premiers jours d'attaques consécutives qui n'aboutirent, après six semaines de fatigues et d'efforts, qu'à une fuite honteuse et précipitée de sa part, un fort détachement de son armée sous les ordres du Chevalier de Croys, seigneur de Beaurains, s'était emparé de Cuers, de Solliès, des châteaux de la Valette et de la Garde. C'est de ce dernier lieu dont le territoire touche presque aux murs de Toulon que le Chevalier de Croys envoya un trompette pour sommer verbalement les habitans de venir auprès de lui faire leur soumission.

Toulon se trouvait sans défense, ses concitoyens en état de porter les armes étaient en partie embarqués sur la flotte que commandait l'amiral Antoine de la Fayette; ses murailles étaient dégarnies de canons, ils avaient été transportés à la tour située à l'entrée de son port. La ville était dépourvue de munitions, elles avaient été enlevées pour approvisionner et la flotte, et la tour. Dans cette circonstance le conseil assemblé demanda verbalement dans l'espoir d'être secouru, un délai par l'intermédiaire de l'envoyé; son vœu ne fut point accueilli, et au lieu du délai réclamé, ses magistrats reçurent la lettre suivante, littéralement copiée sur le régistre des délibérations de la communauté.

« Messueurs les consuls, manans et habitans
« de la ville de Thoulon, je vous ay envoyé ung
« trompete pour vons déclarer mon vouloir, et
« dabundant je vous advise que se incontinent
« ces lettres vues, vous ne venez pas devers
« moy rendre obéyssance à l'empereur et à
« Monseygneur de Bourbon Conte de Provence,
« son Lieutenant-Général, par ordonnance du-
« dict seygneur, dans aujourtduey, jrai sur vous
« accompagné de quatre mille hommes de pied
« et deux cents hommes d'armes et avecques
« artillerie et munition nécessaire ensemble
« larmee de mer que tient ledict empereur, ce
« que feray a layde de Dieu de sorte que vous
« rendray par feu et sang et nj aura faulte. »

Escript à la Garde le XXme dahoust mil V^e
XXIIIJ.   *Le tout votre,*
                    Adrien de CROYS.

Suscription : A Messueurs les manans et habitans de la ville et cité de Thoulon.

Cette lettre fut communiquée au conseil réuni à deux heures du matin. Le conseil était composé des trois Consuls, de huit Conseillers et de quarante-cinq Adjoints en présence suivant l'usage, du Viguier de la ville. On peut juger de l'effet que produisit la lecture de cette lettre par la citation textuelle d'un extrait de la délibération tiré du régistre conservé aux archives : une traduction en altérerait la naïve et touchante simplicité.

« ..... Visis itaque et intellectis litteris su-
« prà insertis, earumque ad plenum percepto
« tenore : prænominati Domini Consules, Con-
« siliarii et Adjuncti dolentes admodùm, et
« cum magna cordis amaritudine gementes et
« lacrymantes, tenentesque manus cancelatas ad
« pectus et oculos ad cœlum pro dolore direc-
« tos, considerantes integram et sinceram fi-
« delitatem quam semper in regia majestate ha-
« buerunt et nunc alteri principi parere et obe-
« dire astringuntur pro eo maximè quià eidem
« Imperatori et Cæsareæ majestati et illius exer-
« citui resistere non possunt, cùm ab auxilio
« Regis, Locum tenentium que, Vicariorum et
« totius hujus provinciæ sint penitùs destituti :
« cum major pars hujus provinciæ et civitas
« Aquensis caput provinciæ sub dominio et præ-
« dictæ Cæsareæ potestatis et Domini de Bor-
« bonio jamjam notariè sit reducta, quod mo-
« leste ferunt...... »

D'après ces considérations et d'autres plus détaillées dont nous avons ci-dessous donné l'esquisse, le conseil se détermina à envoyer, vers le Seigneur de Sainte-Croix, une députation composée de trois Consuls et de neuf Notables pour obtenir une sauve garde en faveur des personnes et des habitans de la cité, avec injonction de protester qu'ils ne faisaient point cette démarche par crainte de la mort, et qu'en renonçant à la fidélité qu'ils avaient toujours eue pour la France depuis qu'ils lui appartenaient, ils ne cédaient qu'à la contrainte et au défaut de moyens de résistance.

Ce qui fut exécuté.

La députation accompagnée d'un notaire se transporta au château de la Garde; introduite dans une salle de la forteresse : « In præsentia
« quoque ac conspectu Andreæ de la Croys
« Domini de Beaurains militis ordinis de la
« *Toyson d'or*, secundi Cambellani Imperatoris
« et illius Cappitanei generalis *dels Chevals lie-*
« *gers*, et cappitanei de *l'avant-gardo*. »

Elle s'exprima ainsi..... En vertu des pouvoirs qui nous ont été donnés par le conseil, nous venons mettre la cité, ses habitans et leurs biens sous la domination et obéissance du seigneur Duc de Bourbon..... Puis elle ajouta :

« Veu Mossur, depuey que Dieu et fortune
« vos hoint conduit en se stat et qu'il nous est
« forse de se fere, nous somes constrains de fere
« ce qu'il vous playt bien vous advertissons
« Mossur que si nous feussions assez puyssans à
« vous résister que le ferions bien voluntiers. »

Ad quæ verba idem Dominus de Berrens respondit :

« Vous fêtes et dites comme jans de bien et
« vous en stime plus mès savès que vous ferés
« vous hirés douze homes tout le mens quatre
« de vous au camp que est davant Marselhe et

« vous presentares davant Mossur de Bourbon
« d'issi à lundy. »

De quà quidem protestatione, et responsione, prænominati petierunt fieri publicum instrumentum per me notarium publicum subscritum : quæ omnia acta fuerunt in aulâ domus fortalicii dicti castri, præsentibus ibidem, egregio et honorabilibus viris, Domino Raymundo Borgarelli juris licentiato villæ Brinoniæ, Christophoro Abrassanini villæ regiæ Arearum, et Antonio Bosqueti de Guardâ, testibus ad præmissa vocatis, specialiter, et rogatis, et Jacobo Ruffi, etc.

Une autre députation fut en conséquence envoyée à Marseille, et admise en présence du Duc qui se contenta d'une contribution de cinq cents écus ; le temps de la prélever fut plus long que celui de son séjour en Provence (1).

Le chevalier de Croys ne fut pas plus chanceux que son général dans les tentatives qu'il fit pour se rendre maître de la tour qui défend l'entrée de la rade de Toulon, et comme lui, fut contraint de se retirer précipitamment, non sans perte d'une partie de sa troupe.

La résistance que la tour de Toulon avait opposée aux efforts des ennemis, fit sentir en-

---

(1) Le Duc de Bourbon ne remit plus les pieds en France depuis cette époque. Tout le monde sait que manquant d'argent pour l'entretien de ses troupes, après avoir achevé la conquête du Milanais dont Charles-Quint s'était engagé à lui donner l'investiture, il les conduisit sous les murs en leur promettant le pillage de cette capitale du monde chrétien, et qu'il y fut tué en montant à l'assaut le 6 mai 1527.

core plus à François Ier de quelle importance était sa position pour la défense de la frontière; il conçut le projet de forcer les citoyens de Toulon à transporter leur habitation sur la plage et le coteau qu'elle domine, en abandonnant leur cité (1) et à former, là, une nouvelle ville qu'il se proposait d'entourer de fortes murailles et dont la tour serait la citadelle. Ses intentions connues du conseil de la Communauté donnèrent lieu à la délibération et à la supplique que nous allons rapporter.

« Anno incarnationis domini millesimo quin-
« gentesimo tricesimo primo et die nonâ men-
« sis novembris, mandato et jussu nobilis et
« spectabilis viri domini Petri Thomasii domini
« de sancta Marguarita, Viguery et Cappita-
« ney et in præsentia ejus, honorabile consilio
« universitatis Tholoni congregato in loco con-
« sueto in quo personaliter interfuerunt Petrus
« Garianj et Honoratus Guiramandj Consules,
« Jacobus Fornerij, N. Johannes de Croseto, N.
« Stephanus Pomouj, N. Petrus Symiotj, Vin-

___

(1) Tolon était comptée depuis long-temps parmi les villes closes, elle était défendue par des fossés, des murailles et des tours au levant, au nord et au couchant du côté de la terre; la mer qui battait le pied de ses maisons lui servait de barrière au midi. Cette barrière ne parut pas suffisante. En 1366 on compléta la fermeture de son enceinte par un mur crénelé et une forte tour élevée sur une porte par laquelle on arrivait sur le môle où abordent les navires. En 1375 fut construite, à l'angle oriental sur le bord de la mer, une forteresse qui fut appelée le Castel de la mer. En 1514 Louis XII fit commencer la tour dite la Grosse Tour pour défendre l'entrée de la rade, François Ier la fit achever en 1520.

« centius de Gardana, Monetus Turellj et An-
« tonius Bonagracia Consiliarij et N. Johannes
« Pavesj, adjunctus.

« Qui omnes simul unanimiter et cordialiter,
« nemine discrepante, auditâ propositione per
« dictum dominum consulem Garianj factâ, or-
« dinarunt hanc responsionem fiendam scriptis
« magnifici domini de Rancé per dictos domi-
« nos Consules more solito.

« Tenor dictæ responsionis in scriptis. »

Veu que monseigneur le cappitayne Rancé en suivant la commission du roy ha come lou dict proposé faire novelle place et forteresse en la tour de Tholon, loing du dict Tholon ung quart de lieue et constraindre les manans et habitans du dict Tholon de illec faire maisons et habitations ; plaira au dict seigneur considérant la povreté des dicts habitans, prier le roy se à l'adventure ne luy plaist fortifier la dicte ville de jceulx laysser ains que par cy devant ont vescu en jcelle ville de Tholon et lui remonstrer que combien la dicte ville depuis quatorze cens ans (1) soyt fundée là ou elle est, toutes

---

(1) Certains historiens et quelques anciens géographes ont attribué la fondation de Toulon aux Phocéens, et ont fixé l'époque de cette fondation peu après celle de Marseille au commencement du VI° siècle avant Jésus-Christ. L'auteur d'un manuscrit, dont copie faite, en 1625, ou 1626, est conservée dans les archives de l'Hôtel-de-Ville, fait remonter cette fondation à l'an 1642 avant J.-C. Ni l'une ni l'autre de ces opinions n'était partagée, comme on vient de le voir, il y a trois cent sept ans, par les magistrats et notables de cette cité : ils assignaient néanmoins à son établissement une antiquité fort respec-

foys jamays causant la povreté du terroir d'icelle, là ou ny croist point de blé mays seulement peu de vin et d'huile ce que n'arrivent meis tous les ans car les oliviers portent le plus de deux ans en deux ans et ny croist autre chose de proffict, que jamays n'a sçeu devenir plus grande de vj^c maisons ou environ ainsi par l'honneur de Dieu ayant esgard à cella et povreté que dessus son bon plaisir soyt ne constraindre aucuns habitans de la dicte ville de faire maisons et habitations ailleurs. Et se à l'adventure le bon plaisir du roy estait de fortifier la dicte ville au lieu ou est assisc ce qui ne se peut faire sans grosse feuille de maisons et jardins et oliviers qui sont au fauxboure que le bon plaisir du roy soyt donner franchisses aux dicts manans et habitans de Tholon tant de thales royaux que du pays et contributions de gens d'armes et autres subsides. Considère aussi que la dicte ville est subjecte à plusieurs fraicts et dépens à cause des compaijgnies ordinaires qu'ils fournissent à la dicte ville et pour la frontière de la marine.

(Nous ne savons pas si cette supplique détermina François Ier à renoncer à son projet, mais il n'a plus été question de le mettre en exécution.)

---

table, puisqu'il date suivant eux du premier siècle de l'ère chrétienne. Au surplus cette assertion ne détruit pas celle avancée par d'autres écrivains que la ville, avant d'être bâtie à la place qu'elle occupe aujourd'hui, avait été construite au fond de la petite rade, sur cette partie du rivage située entre la ville de la Seyne et la poudrière de la Goubran.

3ᵉ PROMENADE.
ANCIEN TOULON.
SOMMAIRE.

Ancien Toulon, son enceinte; — Anciens faubourgs Saint-Jean, Sainte-Catherine, Lalauze, Donnebourgue, Bonnefoi, des Prêcheurs, du Pradel; — Porte d'Amont, de Saint-Michel, du Portalet, du Môle; — Rues de Bonnefoi, des Maurels, de la Pescarie vieille, de la Juiverie, du Temple, des Calquiers, du Trabuc. — Le Mazeau, la maison Commune, la Pescarie nouvelle; — La place du Palais; — Le palais des Comtes; — La forteresse Royale; — les vieilles Prisons; Les rues Magnaque et Saint-Andrieu; — La rue de l'Ouvrerie; — La place Cathédrale; — Le palais Episcopal, — L'église Cathédrale; — *La chapelle Corpus Domini;* — La chapelle des SS. Reliques et de la Vierge; — La rue de Roc blanc; — Le couvent des Dominicains; — Le trou du Juge; — La place Saint-Vincent et les Pénitens blancs; — Le moulin de la Peirot; — L'ancienne maison des PP. de l'Oratoire; — La rue Droite; — La Halle au Poisson; — La place du Marché; — Commerce; — Industrie; — Caractère des Toulonnais.

Toulon, seconde ville de l'ancienne Provence par sa population, la première peut-être par son importance maritime, est à peine, par l'étendue du terrain consacré au logement de ses habitans, une ville de quatrième ou cinquième ordre. Ville resserrée par d'épaisses murailles et de larges fossés du côté de la terre, bornée au midi par la mer; les trois quarts de la surface renfermés dans ses fortifications sont occupés par ses deux darces, et par le vaste emplacement réservé pour l'arsenal de la marine royale, emplacement devenu insuffisant par l'extension que prennent journellement les travaux.

Qu'était donc cette cité avant les deux agrandisssemens qu'elle a subis depuis deux siècles et demi, le premier commencé sous Henry IV et fini sous Lous XIII; le second entrepris et achevé dans les trente dernières années du règne de Louis XIV. C'est ce que nous allons voir en visitant les rues, places et monumens que renfermait son enceinte.

Long-temps avant le dixième siècle Toulon était considéré comme une ville close : ses murailles du côté de la terre fréquemment détruites par les invasions des Sarrasins et des Maures, avaient été constamment relevées sur les mêmes fondations; la mer lui servit de barrière du côté du midi jusqu'en 1366, que l'on compléta son enceinte par une forte muraille à laquelle s'adossèrent et sur laquelle s'appuyèrent même, par la suite, des maisons particulières Vers le milieu de cette muraille on ouvrit une porte donnant sur la mer et l'on construisit une espèce de jetée ou môle pour le chargement et le déchargement des navires.

La circonférence intérieure de cette enceinte était de 571 7/8 cannes courantes (1136 mètres 64 centimètres).

La surface contenue et occupée par les rues, places et maisons était de 16,671 3/8 cannes carrées (6 hectares 8 ares 51 centiares.)

Il résulte du cadastre fait en 1409, qu'il existait dans l'intérieur de la ville 470 maisons et 90 au dehors. Le conseil de la communauté dans la requête qu'il désire être soumise à François Ier en 1531, dit que la ville n'a jamais compté plus de six cents maisons, tant intérieurement que extérieurement. Le nombre des maisons constaté par le procès-verbal du conseiller Guidi, commissaire délégué à cet effet en 1668, s'élevait à 627 dans l'enceinte de la ville à l'époque où fut commencé son agrandissement, et ce au moyen de l'empiètement fait par divers particuliers sur l'emplacement des anciennes murailles (1).

---

(1) Cet empiètement sur les murailles, n'avait eu lieu que depuis la réunion du Comté de Provence à la couronne de France : avant cette époque et conformément à une ordonnance du Conseil de ville du 26 janvier 1327 (1328 N. S.) il était défendu à tout habitant de bâtir à une canne de distance de l'enceinte de la ville pour ménager un chemin de ronde, l'abord des remparts et des tours qui fortifiaient la place, le château, le palais royal dont l'attaque était protégée au dehors par un large vallat ou fossé.

Les premiers possesseurs du riche héritage du comte Charles ne mirent pas le même intérêt à entretenir comme ville de guerre une cité que tous les prédécesseurs de celui-ci regardaient comme le principal boulevard à opposer aux entreprises d'ennemis étrangers. La clôture fut conservée à la vérité, mais, dans son enceinte trop rétrécie pour la population, le terrain reservé pour chemin de ronde, les fossés extérieurs, les tours elles-mêmes furent aliénées par baux amphitéotiques au profit du domaine par l'avis des lieutenans-généraux et grands sénéchaux, par les maîtres rationaux dont la juridiction a été remplacée par celle de la Cour des comptes. Les acquéreurs obtinrent la faculté d'appuyer leurs maisons sur les murailles, d'y prendre des jours, la tolérance s'étendit jusqu'à permettre à divers particuliers de bâtir sur les tours élevées sur les portes

Un fossé profond remplacé aujourd'hui par la rue des Chaudronniers, la place Blancard, la rue de la Miséricorde, une partie de la place au Foin, le Pavé d'Amour, le grand Cours long-temps appelé la rue aux Arbres, ceignait les fortifications. Au delà, des groupes de maisons disséminées çà et là, entourées de jardins, de vergers, de terres complantées de vignes et d'oliviers, étaient qualifiés de bourgs qui portaient différens noms; parcourons-les.

Le bourg Saint-Jean, dont le chapitre était propriétaire en grande partie, ou sur lequel il exerçait des droits féodaux, était le plus considérable, un quartier de la ville en conserve le nom. Dans ce bourg existait une chapelle dédiée à Saint-Jean-Baptiste pour qui le peuple avait une grande vénération et dont il célébrait la nativité avec enthousiasme au milieu de l'affluence, que le spectacle d'une bravade pompeuse attirait de toute part. Cette chapelle, lors de l'agrandissement, fut détruite et rebâtie sur le bastion devant lequel en 1609 la communauté fit de grandes dépenses pour loger les Minimes; transférée en 1622 sur la place du Baloard ou Saint-Jean, elle fut démolie en 1701 avec une autre

---

de la ville; il n'est pas surprenant dès lors que Toulon se soit trouvé hors d'état de soutenir un siège en 1524 et ait été obligé de se rendre sans résistance à l'avant-garde de l'armée impériale. Ces permissions d'ouvertures dans les murailles, de bâtisses sur les portails, furent révoquées dans la suite, mais la communauté fut contrainte d'indemniser ceux qui avaient acheté le droit d'en user.

chapelle dite de l'Annonciation, à laquelle elle avait été adossée. Cette dernière ayant été convertie en corps-de-garde, était interdite depuis long-temps. En 1723 la dévotion des Toulonnais pour le précurseur du Christ en fit consacrer et ériger une nouvelle dans les bâtimens de l'Hôtel-de-Ville, où elle a subsisté jusqu'à la révolution : elle était décorée d'un tableau représentant la Nativité du Saint. Ce tableau, dont il est fait mention dans les archives comme d'un morceau précieux, a disparu ainsi que beaucoup d'autres.

Au nord du bourg Saint-Jean, borné lui-même au midi par la mer, se trouvait le bourg Sainte-Catherine et de Morance, il devait ce second nom à une ancienne famille à laquelle en considération de services rendus à l'état et à lui, le roi René, accorda par lettres patentes du 4 janvier 1459 une franchise des tailles et impositions dans la communauté de Toulon. En 1564 la confrérie des disciplinaires ou Pénitens Noirs, fit ériger dans un des coins du cimetière commun, une casette et chapelle pour l'exercice de ses pratiques de dévotion. Attenant à l'emplacement sur lequel fut bâtie dans le principe la porte Saint-Lazare, on voyait un hospice destiné aux pauvres malades, sous la direction des Confrères ou Recteurs de l'hôpital du Saint-Esprit; les bâtimens que la fortification n'avait point absorbés, ont été vendus en 1603. Au delà de cet hospice et à droite du chemin qui conduisait à la Valette, existait une léproserie sous le vocable de Saint-Lazare, établie dans le douzième ou le treizième siècle, pour recevoir les malheureux attaqués de cette affreuse maladie : les revenus de cette maison ont été transférés à l'hospice civil en 1639, attendu que depuis long-temps elle ne recevait plus de malades, et les bâtimens concédés en 1646 aux religieux de la Merci, ont été détruits en 1707 à l'approche de l'armée du duc de Savoie venant mettre le siège devant Toulon; ils n'ont point été rebâtis. Quant aux religieux, ils parvinrent à fonder en 1720 leur couvent près de la fontaine de la pyramide et sur l'emplacement occupé par le bâtiment qui fait face à la rue Royale et à l'angle nord-ouest du Champ-de-Bataille.

Au nord du bourg de Sainte-Catherine, allant de l'est à l'ouest, se suivaient les bourgs de la Lauze, de Donnebourgue et de Bonne Foi. Dans le premier était un moulin dit aussi de la Lauze, lequel n'ayant point été enclavé dans les fortifications a été détruit à l'époque du siège de 1707. Les eaux qui le faisaient mouvoir traversaient ensuite la ville et en alimentaient deux autres, le premier de la Peirot au bas de la rue de la Canau ; l'autre dit de Trisserate, était situé à l'opposé de la ville et à l'extrémité d'une des principales rues. L'emplacement de ce dernier moulin a été vendu par la communauté en 1607.

Dans le bourg de Donnebourgue on trouvait une petite chapelle sous le vocable de Notre-Dame d'Humilité, où se livraient à leurs dévots exercices les Pénitens Blancs établis en 1432. Cette chapelle de même que l'hospice des pauvres de J.-C. *Hospitium Christi pauperum*, qui subsistait alors, a été englobée dans le terrain sur lequel se sont élevés les bâtimens de l'hospice actuel du Saint-Esprit.

Le bourg de Bonne Foi était traversé par la route de Toulon à Ollioules; on y remarquait une grande place appelée des Ormes ou d'Amont. C'était sur cette place que se faisaient les exécutions des jugemens criminels, les meurtriers de Jean de Clermont, légat du Pape, y subirent le jugement qui condamna les uns à expirer sur la roue après avoir été rompus vifs, les autres à être pendus aux arbres, en 1232.

Au midi du bourg de Bonne-Foi, on trouvait le bourg des Prêcheurs, ainsi nommé du couvent qu'y avaient occupé les Dominicains depuis l'an 1303 qu'ils avaient été appelés à Toulon par Charles II, comte de Provence, jusqu'en 1368 que la reine Jeanne les tranféra dans sa propre maison au lieu où a été récemment bâtie la caserne dite du Grand Couvent. Le terrain primitivement concédé aux Dominicains par le comte Charles était peu considérable, il s'accrut par le nouveau don que leur fit le même prince des biens confisqués quelques années après sur les Templiers lors de la destruction de cet ordre puissant. Les Dominicains en conservèrent l'enclos quand ils vinrent habiter la maison de la reine Jeanne et leur église ou chapelle servit plus tard aux Pénitens Blancs. C'est sur le terrain occupé par cet enclos et la chapelle, acquis par la communauté en 1606, que les Capucins établis hors de Toulon en l'année 1588 au quartier d'Entrevignes près d'une chapelle louée à leur usage, démolie en 1682, et remplacée par la Boulangerie de la marine, sont venus fonder leur monastère, et qu'au moyen des dons et aumônes des fidèles, ils étaient parvenus à se rendre propriétaires de ce vaste emplacement compris entre le Champ-de-Bataille, les rues Saint-Sébastien, de l'Armodieu et Saint-Louis, qu'ils ont été contraints d'abandonner par un échange forcé en 1780 et sur lequel se sont élevés l'église Saint-Louis et les superbes bâtimens au levant du Champ-de-Bataille que nous avons admirés hier. (1)

A la suite du bourg des Prêcheurs, en obli-

---

(1) Dans la partie des fortifications qui longeait le bourg des Prêcheurs, on remarquait une tour d'une forme particulière qui conservait le nom de Tour des Maures. Sa construction devait remonter au IXe siècle, pendant la durée duquel, les Sarrasins ou Maures ayant envahi pour la seconde fois le littoral de la Provence Orientale et l'ayant occupé jusque vers la fin du Xe qu'ils en furent chassés par le comte Guillaume, avaient été dans la nécessité de fortifier pour s'y maintenir, une ville qu'ils avaient saccagée en s'en emparant. C'est au retour des victoires remportées sur les Maures, et en reconnaissance de l'assistance que lui avaient accordée les Seigneurs qui l'avaient secondé, que Guillaume partagea entre ceux-ci les terres, bourgs, cités, seigneuries arrachées à la domination des Barbares. Toulon et son diocèse furent la récompense d'un autre Guillaume, vicomte de Marseille, dont les descendans divisèrent l'héritage. Sibille, dame de Toulon, héritière de la portion échue à Geoffroi son père, légua cette ville et son territoire au premier comte de Provence, de la maison d'Anjou.

quant à gauche pour descendre du côté du rivage, on trouvait celui du Pradel ou de la Savonnière, ainsi nommé des prés marécageux qui l'environnaient et des premières fabriques de savon qui s'y établirent. Il y avait, en 1589, tant à Toulon que sur son territoire, 21 fabriques. Dans ce bourg existait une chapelle sous le vocable de Saint-Pierre, patron des pêcheurs. En suivant du côté du midi un chemin étroit qui longeait les murailles et était battu et souvent couvert par les flots de la mer, on gagnait le Pesquier, espèce d'étang, de réservoir formé par les eaux de la mer qui s'avançait bien au delà de la rue qui fait la limite de la place Saint-Jean actuelle.

On entrait dans la ville par quatre portes, toutes défendues ou surmontées par des tours.

La porte du côté du nord se nommait le portal d'Amon, elle était située à l'extrémité ouest de la rue Bonne Foi. Suivant une ancienne tradition, le surnom d'Amon donné à cette porte, viendrait de ce qu'elle était voisine d'un temple dédié à une divinité païenne dont le comte Raymond fit entièrement détruire les restes en 1181, parce qu'il était trop rapproché des fortifications et auquel il substitua à peu de distance une tour qu'on nomma la tour d'Amon. N'est-il pas naturel de penser que cette porte tire le nom d'Amont de sa position dans la partie la plus élevée de la ville, d'autant que d'une part rien n'est moins prouvé que l'existence de ce temple, et d'une autre que Toulon n'appartenait point à cette époque aux comtes de Provence, mais à Hugues Geoffroy, seigneur de Toulon et de Tretz ?

La porte du côté du levant s'appelait de Saint-Michel, elle faisait face à la place de la Cathédrale, un de ses angles touchait presque à la rue Magnaque dite alors de Saint-Michel, l'autre joignait la maison de l'évêque.

La porte du côté de la mer érigée seulement, ainsi que nous l'avons dit, en 1366, était nommée la porte du Môle ou le Grand Portal. Ces trois portes ou portails et leurs tours ont été démolies en 1607.

La quatrième placée au couchant, à l'extrémité de la rue des Marchands, regardait la place Saint-Pierre et s'appelait le Portalet.

Dans l'intérieur on trouvait des portiques qui fermaient l'entrée de certaines rues dans dans des temps de trouble et de guerre intestine (1).

---

(1) Outre ces portiques et d'autres intermédiaires en forme de ponts qui traversaient la rue et supportaient des bâtisses, des arceaux en pierre ou de simples piliers avec des poutres transversales soutenaient tantôt les façades de diverses maisons faisant plus ou moins saillie, tantôt l'escalier qui conduisait extérieurement à u étage supérieur. Quelques propriétaires avaient obtenu la permission de clore leurs arceaux ou portiques, d'autres ne jouissaient pas de cette faculté. L'ensemble des rues était d'une bigarrure aussi laide qu'incommode, et pour se faire une idée de l'aspect misérable de la majeure partie de la ville, ajoutez à ce tableau la vue et l'odeur des fumiers déposés contre les murs des maisons dépourvues de fosses d'aisance, dans des rues étroites, étranglées à chaque pas. Des ordures de tout genre couvraient le sol, en dépit de toutes les ordonnances de police.

Entrons dans la ville par le port. Amont devant nous se présente la rue de Bo..é, qui conserve encore ce nom francisé auquel o.. associe celui de rue des Sœurs de l'Evêché, pa.. e que l'on y trouve un établissement de pieuses filles vouées à l'instruction des pauvres enfans de leur sexe. Elles furent appelées à Toulon en 1686 par le zèle d'Armand-Louis Bonin de Chalucet, évêque du diocèse qui les logea d'abord dans son palais (d'où leur nom de Sœurs de l'Evêché) et qui contribua ensuite pour un tiers à l'acquisition faite par la communauté en 1711 de la maison où elles tiennent leur école.

Après quelques pas faits dans la rue Bonne Foi, on trouve à sa droite celle des Maurels ou Moreaux, qui tire son nom d'une ancienne famille dont le chef y fit bâtir les premières maisons. Cette rue qui traverse toute la ville du nord au sud, a perdu ce nom pour prendre dans sa partie supérieure celui de rue de l'Oratoire, et dans sa partie inférieure celui de Sainte-Claire, à cause d'un couvent de religieuses de cet ordre qui y fut fondé vers le commencement du dix-septième siècle, 1621 et 1622, et qui a été abandonné et vendu en 1661, ainsi que le mobilier qu'il contenait, pour l'acquittement des dettes contractées par les nonnes.

Descendons la rue des Maurels, la ruelle étroite que l'on rencontre à sa droite et qui perce dans la rue de la Miséricorde, n'était qu'un cul de sac qui s'appelait indifféremment de Pormieu ou de l'Olive. C'est la traverse de la Miséricorde.

Un peu plus bas et du même côté, on arrivait à une autre impasse dite de la Font d'Astour, parce qu'il s'y trouvait une fontaine adossée à la maison des Astours, dont plusieurs membres ont occupé des charges municipales. Vis-à-vis cette impasse on voyait une rue nommée de la Buesse ou de l'Anglade, aujourd'hui rue d'Astour, tirant en droite ligne à une rue parallèle à celle des Maurels. Au milieu de cette rue de la Buesse (d'Astour), en tournant au midi, était la rue de la Juiterie; c'était le quartier affecté particulièrement aux Juifs : les portiques qui en défendaient l'entrée ne purent garantir ces malheureux de la fureur du peuple qui, sans égard pour le sexe ou l'âge, en massacra quarante en 1348, et contraignit les autres à s'exiler de la ville (1). Cette rue de la

---

(1) Malgré ce désastre, les persécutions et les violences sanglantes qu'elles avaient éprouvé quelques années auparavant, les familles juives échappées au carnage, n'ayant obtenu qu'une légère réparation des crimes dont elles étaient victimes, revinrent habiter la ville pour y essuyer de nouvelles avanies; on en trouve la preuve dans l'article 49 d'une ordonnance rendue le 2 février 1394 par Jacques Brun, baile et capitaine de la ville. Cet article est ainsi conçu suivant la traduction du latin en langue vulgaire, faite en 1557 par Balthazar Rodelbat, docteur en droit.

« Item que alcung judeou en la decha cioutat de Tholon et
» de son bailliage, non auze ni presume portar alcuna rauba,
« que en las raubas de dessus non porte una roda accustumada
« de portar de coulour autra et diversa de la coulour de la
« decha rauba, soubs pena de cinquanta sols et confiscation de
« la rauba. »

Les maisons du côté ouest de la rue de la Juiterie perçaient dans une rue fermée de deux bouts, sur laquelle avaient vue et

Juiterie, nommée aujourd'hui des Tombades, aboutit dans la rue de Cancelade tirant son nom d'une branche de la famille des Isnards qui l'habita long-temps; à l'époque dont nous parlons, elle portait celui de Panaterie ou de Bertrand, puis fut appelée des Pâtissiers; en la suivant à droite on retombait dans la rue des Maurels. Continuant à descendre celle-ci, on trouvait également à sa droite une rue, commencement de la rue des Bonnetières aboutissant aux murs de la ville, c'était la rue du Temple où les chevaliers avaient un hôtel qui fut détruit en 1307.

En face de la rue du Temple est située la rue de la Figuière, ainsi appelée par rapport à un gros figuier qui était à l'un de ses angles; c'est aujourd'hui la rue des Bonnetières. Vers le milieu de la rue de la Figuière, en remontant, on trouvait à gauche la rue des Calquiers ou de Bastide; elle porte encore ce dernier nom. Le nom des Calquiers ou des Cauquières, indique qu'elle était en tout ou en partie habitée par des tanneurs (1). Elle aboutit en contournant dans

---

issue les maisons parallèles de la rue des Maurels, cette rue qui existe encore et qui à proprement parler ne peut être considérée que comme une cour commune, était désignée dans les anciens cadastres sous le nom de *carreria quæ non transit*.

(1) La fabrication des cuirs exercée depuis long-temps à Toulon ne pouvait qu'être l'objet d'un commerce important si l'on en juge par le nombre des tanneries qui existaient alors, indépendamment de celles qui avaient donné le nom de rue des Cauquières à la rue Bastide, on en trouvait encore dans quelques

la rue des Maurels ; à l'extrémité de celle-ci, depuis la rue du Temple jusqu'à celle du Trabuc, s'était tenu plus anciennement le marché au poisson, ce qui était cause que cette portion de rue était désignée par le nom de Pescarie Vieille.

La rue du Trabuc, aujourd'hui rue des Marchands, s'appelait auparavant rue de la Mer ; c'était la plus large et la plus belle rue de la ville. Pour parvenir à la rendre telle, la communauté fit de grandes dépenses qu'elle ne put opérer que par des emprunts dont le remboursement exigea qu'il fut mis un impôt, *tributum*, sur ceux qui l'habitaient ou qui profitaient de son élargissement, de là son nom de Trabuc. Elle tenait du couchant à la porte du Portalet près de laquelle était une tour pour le service de la gabelle royale et une halle, *macellum*, pour l'abattement des bestiaux et le débit de toute espèce de viande de boucherie. La porte et la tour ont été démolies en 1606. Elle aboutissait du côté du levant à la place du Palais. Dans cet espace on trouvait, joignant la porte du Môle, et dans une courte rue aussi appelée du Môle, la maison commune où siégait seulement depuis le commencement du XVe siècle, le conseil ordinaire de la communauté, qui se rassemblait auparavant tantôt dans une

---

rues dans l'intérieur de la ville, et plusieurs autres dans les faubourgs, notamment dans celui de la Lauze.

salle de l'hôtel et hospice du Saint-Esprit, tantôt au Palais Royal, tantôt dans une salle de la forteresse ou dans une maison particulière

Le conseil général, composé de tous les chefs de famille ou du moins de la majeure partie d'entre eux, convoqué dans des circonstances importantes, se réunissait soit dans le réfectoire des Frères Prêcheurs, soit dans la salle du chapitre ou dans une église ou sur la place publique à l'ombre de quelques arbres (1). Quand en 1606 la communauté se décida à faire bâtir sur une portion de l'agrandissement concédé par Henri IV, la maison commune où nous la voyons, le conseil autorisa les Consuls à procéder à la vente de l'ancienne, pour les deniers en provenant être employés à la confection de la nouvelle, avec réserve de la jouissance de ladite ancienne maison pour continuer d'y traiter des affaires publiques jusqu'à ce qu'il fût possible de s'installer dans le bâtiment qu'on se proposait de construire. La vente toutefois ne fut effectuée qu'en 1608. Un bourgeois, Alexandre de Cuers s'en rendit acquéreur pour le prix de 1650 livres, et le conseil tint sa première séance le 24 avril 1610 dans une salle de l'hôtel inachevé en grande partie.

La porte du Môle attenant à la maison commune était surmontée d'une tour carrée et cré-

---

(1) *In banco lapideo subter morum ipsius palatii ubi consuetum est consilium dictæ civitatis more solito, congregari.*

nelée au dessus de laquelle on plaçait des canons pour défendre l'approche de la ville ; elle a été démolie en 1607. A cette porte aboutissait une rue allant du midi au nord bordée par des maisons dont le devant était supporté par des arcades surbaissées entre et sous lesquelles on avait placé des bancs pour la vente du poisson. Cette rue portait le nom de rue du Môle et de la Pescarie Nouvelle. Elle a pris celui de l'Hôtel-de-Ville.

En continuant d'avancer dans la rue du Trabuc on parvenait à la place du Palais, sur cette place nommée aujourd'hui place à l'Huile, était situé l'ancien palais des Comtes de Provence, abandonné à la cour royale, depuis que le Châtelain qui y résidait habituellement, occupait la forteresse, bâtie en 1375 à l'angle méridional sur le bord de la mer près des ruines d'une très ancienne tour (1), laquelle forteresse, à cause de sa situation, était appelée en langue vulgaire *lou casteou* de la Mer. Les princes et leurs lieutenans-généraux y logeaient quand ils venaient à Toulon : le comte Louis II y fut reçu en 1405, le bon René y séjourna pour la dernière fois en

---

(1) Cette tour, dont le nom s'était perdu, est mentionnée sous celui de Tour Antique dans le cadastre de 1530. Ouvrage des Romains, ce fut dans ses murs que le petit nombre d'habitans qui s'y étaient réfugiés trouvèrent un abri contre la férocité des Maures, qui en 1178 et 1197 ayant surpris la ville, la saccagèrent, massacrèrent une grande partie des citoyens et emmenèrent le surplus en captivité.

1474; à côté du palais étaient les prisons royales dans une rue sans issue où existait une tour dite de la Gabelle. On y travaillait à la manipulation du sel et on y tenait cette substance en dépôt. Cette tour touchait à la forteresse qui elle-même était flanquée de tours; le tout a été démoli lors de l'agrandissement de la ville sous le règne d'Henri IV, et sur le terrain ainsi que sur celui du palais vendu à des particuliers, ont été élevées plus de vingt maisons. C'est sur une partie de l'emplacement occupé par la forteresse que les Récolets, dont le couvent situé au quartier Saint-Roch près du cimetière, avait été détruit à l'époque du siège de 1707, vinrent se fixer en 1716; l'église ne fut toutefois commencée qu'en 1744.

L'impasse ou étaient les prisons a été percée en 1675, l'ordre en avait été donné en 1672, par M. de Grignan, pour faciliter la communication de la place du Palais à la place Saint-Jean, alors place d'Armes : de cette ouverture, il est résulté un passage large et commode qui a pris d'abord le nom de rue des Vieilles Prisons, ensuite des Pucelles, puis, récemment des Bons-Frères du nom des Frères des écoles chrétiennes établis à Toulon en 1759, dispersés à la révolution, rappelés et installés dans le logement des Récolets en 1815. Les prisons conservèrent leur destination jusqu'en 1643, qu'elles furent vendues, lors de la construction de l'édifice que l'on appelle maintenant le vieux Palais de justice.

Sur la place et en avant du Palais des Comtes, étaient les fours banaux ; la rue Saint-Michel, aujourd'hui rue Magnaque, les contournait, puis en remontant du midi au nord atteignait le portail du même nom. Cette rue, fort longue et fort étroite, était habitée alors par les familles aisées des Isnards, des Cabasson, des Chabert, des Cogorde, des Ripert, des Bonne-Grace, des Bremond, des Decoréis, etc. dont les membres ont rempli les offices de Baile et Viguier, de Syndics et de Consuls. Les tours dites de la Tourraque et de la Garde, détruites par les acquéreurs avaient contribué à l'agrandissement des maisons du quartier. La rue transversale qui, du milieu de cette rue Saint-Michel ou Magnaque conduit à la rue droite, à la place des Orfèvres, se nomme encore Saint-André et par corruption Saint-Andrieu, n'était pas moins bien habitée. Les Beaussier, les Arguier, les Verguin, les Martineng, etc. y demeuraient. A son centre, dans le fond d'une impasse étroite à laquelle on accédait par un portail bâti en pierre froide qui subsiste encore, s'élevait une chapelle dédiée à Saint-André, elle était surmontée d'une tourelle du sommet de laquelle on découvrait toute la rade. La chapelle a été détruite et son avenue n'est plus qu'un cloaque dont l'œil du passant se détourne avec dégoût.

A l'extrémité occidentale de la rue Saint-André, on trouve, en prenant à main droite, la rue Traverse de la Cathédrale, cette rue se nommait de l'Ouvrerie à cause d'une maison affectée à un ecclésiastique qui avait le titre d'Ouvrier de l'église; elle débouchait sur la place de la Cathédrale. Cette place assez irrégulière a, au couchant, une issue sur la rue droite (des Boucheries) par une rue qui s'appelait de la Sacristie, la rue Saint-Michel y aboutissait du côté du levant tout contre la porte de ce nom. Dans l'angle nord-ouest la ruelle qu'on apperçoit était dite de la Prévôté, longeant la maison du Prévôt, première dignité du chapitre, et donnant accès par un portique assez bas à la cour du chapitre, ancien cloître destiné au clergé régulier qui, dans la primitive église, était le conseil et le collaborateur de l'évêque. Dans cette cour on voit encore en partie le rez-de-chaussée et le premier étage d'une tour fort ancienne dont les murailles sont extrêmement épaisses, et dont la fondation paraît antérieure à celle de l'église, puisque l'on suppose qu'elle est assise sur celle attribuée aux Phocéens par une longue tradition. Cette tour était fort élevée dans son principe; dégradée par le temps, on fut obligé d'en abattre le sommet, et l'on y plaça en 1574 une horloge pour le service public, d'où elle prit le nom de Tour de l'Horloge, qui fit oublier celui des Phocéens, des Focontes, qu'elle avait successivement porté. Se détériorant chaque jour davantage, malgré de fréquentes réparations, menaçant par sa chute d'écraser les maisons voisines, elle a été, en 1816, réduite à son état actuel : deux voutes et sa plate-forme, surmontée d'une tourelle, ont été démolies et l'horloge a été placée l'année suivante sur la tour du clocher de l'église Sainte-Marie ; à droite de ce clocher existait une ruelle fermée depuis peu, par où l'on entrait à l'Evêché.

L'entrée principale de cet édifice (l'Evêché), qui, après avoir été depuis 1790 le siège de divers établissemens, est devenu Collége communal, a lieu par le Cours qui remplace les anciens fossés. Ce bâtiment modernisé par les derniers prélats, ne conserve de remarquable que des caves ou souterrains immenses dont la construction se perd dans la nuit des temps : il est dit dans un mémoire conservé aux archives, que ces caves n'avaient point été faites pour mettre du vin, mais qu'elles avaient été creusées pour servir d'asile à l'Evêque et aux Chrétiens contre la fureur des infidèles à l'époque des invasions et des descentes réitérées qu'ils faisaient sur la côte.

Toulon était le siège d'un évêché au moins depuis le cinquième siècle, puisque Honnorat, que l'on peut citer avec certitude comme évêque de ce diocèse, figure en cette qualité parmi les souscripteurs de la lettre écrite à Saint-Léon en 451 par les évêques des Gaules. Dès lors on ne peut douter qu'il n'existât de son temps une ou plusieurs chapelles, mais à coup sûr elles n'étaient point assises où repose la cathédrale actuelle, que tout le monde s'accorde à juger érigée sur les débris ou près des ruines d'une chapelle dans laquelle avaient été déposées les dépouilles mortelles de Saint-Cyprien, décédé vers le milieu du sixième siècle, reliques qui furent découvertes en 1201 par les ouvriers qui creusaient les fondations d'un mur de clôture du jardin de l'évêché (1).

---

(1) D'anciens historiens, et même un auteur récent, ont écrit que l'église cathédrale de Toulon a été fondée en l'an 1096 par Gilbert, comte de Provence. Pour justifier leur assertion, ils ne peuvent s'appuyer que sur un acte du 13 août même année, qu'un procès-verbal de Guillaume Fresquet, vicaire général du diocèse pendant l'épiscopat de Jean Silvestre, déclare avoir été trouvé dans un coffre caché dans le mur de l'église près du maître autel. Nous n'hésitons pas à dire que, si leur conviction n'a d'autre fondement que la teneur de ces pièces, elle repose sur une base peu solide; car il nous paraît facile de démontrer évidemment que le procès-verbal et l'acte y énoncé sont une œuvre apocryphe et supposée. Commençons par le procès-verbal; son début seul suffit pour mettre au jour l'ignorance et la maladresse du faussaire. Lorsqu'à la date d'un acte on joint le nom du souverain sous le règne et dans les états duquel il a été passé, on rapporte certainement le nom du Roi ou Prince qui régit le pays et non celui d'un monarque étranger. Or, en 1374, la Provence était le domaine patrimonial de la reine Jeanne, seule elle y exerçait l'autorité suprême : comment se fait-il que le rédacteur du procès-verbal que nous avons sous les yeux, ajoute à la date 1374, 5 juillet : « Regnante chris-
» tiano principe et domino nostro Carolo quinto nomine, Dei
» gratia, Francorum rege feliciter et longanimiter, amen. » Cet écrivain maladroit aurait dû savoir d'ailleurs que le surnom de très chrétien n'a été porté par les rois de France que depuis 1469, qu'il fut déféré à Louis XI ou que ce prince l'annexa à ses titres sous le pontificat du pape Pie II.

L'acte de 1096 ne peut soutenir le moindre examen critique, il est entaché d'anachronismes et de bévues qui dénotent l'ignorance profonde du fabricateur «..... Gilbertus de Tarento, filius
« addo, (y est-il dit :) Dei gratia comes Provinciæ, ducatus
« Appuliæ et principatus Capuæ Provinciæ et Forcalquerii et ter

La Cathédrale, fort petite à son origine, a été successivement agrandie presque de siècle en siècle, mais ces accroissemens progressifs,

---

« rarum adjentium... Cum nostra conjuge Tiburgia filia domini « Thibaudi, Comitis, Rodes, Givaudani, etc. » Ce Gilbert est dans le dessein, au rapport de l'acte, de fonder une église sous le vocable de Notre-Dame *de Sedis*, et d'y déposer les reliques qu'il rapporte de la Terre Sainte, reliques qu'il a reçues de la libéralité de Godefroi, roi de Jérusalem, pour récompense de la guerre qu'il a faite avec lui contre les infidèles, et qu'il confie à la garde de Révérendissime seigneur en Christ, Jacques de Palma, évêque de Tolon.

Sur ce court extrait nous ferons les remarques suivantes : 1° le Gilbert que l'on compte parmi les souverains de Provence, était fils de Thibaud, vicomte de Rhodès, Seigneur de Milhaud et de Carlat, et ne devint souverain du comté de Provence que par son mariage avec Gerberge, fille du comte Geoffroi et sœur de Bertrand; ce Bertrand qui succéda à son père, mourut sans postérité légitime et laissa son héritage à Gerberge, mariée depuis dix à douze ans à Gilbert. (Papon, Bouche, Rouchon. Art de vérifier les dates.)

2° Le comté de Provence ne se composait que de la basse Provence, la haute, sous le nom de comté de Forcalquier, fessait un état entièrement séparé depuis l'an 970, et n'a été réuni sous un même souverain, qu'au commencement du XIIIe siècle.

3° Ce ne fut que vers le milieu de ce même XIIIe siècle, qu'eut lieu la conquête du royaume de Naples par Charles I de la première branche d'Anjou, ce n'est donc qu'après cette époque que les descendans des comtes de Provence ont pu prendre le titre de prince de Tarente ou de Capoue.

4° Que les mots *et des terres adjacentes* joints au titre de comte de Provence et de Forcalquier ne se lisent qu'en tête d'actes postérieurs à la réunion de la Provence à la couronne de France.

5° Si les reliques dont parle Gilbert sont la récompense de sa campagne dans la Terre-Sainte avec Godefroi, cette campagne a été bien courte. Godefroi, l'un des héros de la première croisade, n'est parti de France que le 1er août 1096, et l'acte que nous examinons est du 13 du même mois et même année. Gilbert aurait-il précédé Godefroi dans la Terre-Sainte? On cherche sans donner à son vaisseau plus de majesté, lui ont enlevé son vernis d'antiquité et ont fait disparaître une foule de monumens, de pierres sépulchrales, d'inscriptions gravées sur la tombe

vainement son nom dans la longue liste, rapportée par le savant M. Michaud, des personnages illustres et aventureux qui s'y sont distingués ou qui ont partagé les dangers de ces expéditions lointaines; mais ce qui n'est pas moins surprenant, c'est de voir Gilbert donner le titre de roi de Jérusalem à Godefroi de Bouillon, et désigner les reliques qu'il offre comme ayant été recueillies dans les lieux vénérés par les chrétiens, après la destruction de Jérusalem par le roi Godefroi, quand ce ne fut que trois ans après que les croisés mirent le siège devant Jérusalem, et seulement le vendredi 13 juillet 1099, qu'ils s'emparèrent d'assaut de cette ville qui donna le nom au royaume dont la couronne fut déférée à Godefroi.

6° Ajouterons-nous encore, que l'on ne trouve point d'évêque de Toulon du nom de Jacques de Palma, dans toutes les histoires ecclésiastiques, que le siège était occupé en cette année par le prélat Armin ou Arminius; répéterons-nous que Toulon avait ses seigneurs particuliers indépendans du souverain de la Provence, ferons-nous observer que le style de l'écrivain est peut-être moins choquant par la bassesse de la latinité et les barbarismes qui y fourmillent que par les fautes grossières contre les premières et les plus simples règles de la grammaire? Nous en avons assez dit pour prouver que l'acte qui attribue à Gilbert l'honneur d'avoir fondé l'église cathédrale de Toulon en 1096, a été fabriqué plusieurs siècles après la mort de ce prince.

Que conclure de ce qui précède par rapport à l'édification de cette église? Ce que le chapitre concluait lui-même dans les *factum* qu'il a publiés à l'occasion de différens procès; c'est qu'elle est extrêmement ancienne quoiqu'on ne puisse préciser l'époque de sa fondation, c'est qu'antérieurement au XIII° siècle, elle a été fréquemment dévastée et rétablie : c'est que les titres et papiers ont été dispersés et perdus dans les sacs désastreux qui ont plusieurs fois désolé et ruiné la ville, et que ce n'est que depuis trois à quatre siècles que l'on peut donner la date exacte des travaux d'entretien, de réparations, ou d'agrandissement qui y ont été faits.

d'évêques, de Seigneurs de Toulon, de personnages distingués, et d'autres pièces intéressantes pour l'histoire. Il n'en reste plus que deux, l'une est une inscription placée au dessus de la porte de la sacristie, (1) elle rappelle l'agrandissement terminé en 1661; l'autre, encastrée dans le mur extérieur de la chapelle des fonds baptismaux, conserve en caractères gothiques la mémoire de Geoffroi, seigneur de Toulon et de Tretz, décédé en 1239, ainsi que Guillemette sa femme; celle de Gilbert de Baux, mort cinq ans auparavant. (2) Cette pierre a été con-

---

(1) Anno Domini MDCLXI, die vero dominicae secundae post pascha Alexandro VIII universalem ecclesiam moderante, Ludovico XIIII semper augusto, felicissime regnante, magistratibus hujus-ce urbis clarissimis viris D. Francisco de Chasteau-Neuf proetore, DD. Rolando de Pavés, Joanne Ysnard et Francisco Delucel consulibus, pro-gubernatoribus, vallis ardenioe dominis; illustrissimus ac reverendissimus in christo pater, Dominus D. Petrus Pingré, Dei et sanctae sedis apostolicae gratiâ Tolonensium Episcopus Regi christianissimo a sanctioribus consiliis, hanc Ecclesiam in honorem Dei sub titulo immaculatae Dei parae vulgo de sede dictae, nec non altare majus, et altaria capellarum corporis Christi Domini et ejusdem matris, dedicavit, consecravit.

(2) Qui tumulum cernit cur non mortalia spernit. S. anno incarnationis Dni millo 1 CCXXX novo, nonas julii obiit Dns Gaufridetus Dns Tritis et Toloni in pace ejus aim 2 requiescat. Item obiit Dna Guillelma uxor Dni Gaufrideti. anno Dni anno 3 CC trigesimo carto X. K. 4 septembris obiit DNC. Gisbertus de Baucis. sit not. 5 cuis 6 quod Dna Sibilia fecit fieri hocc sepulcrum Ave Ma. 7

(1) Millesimo (2) Anima (3) Au lieu de anno lisez millesimo (4) 23 août (5) Notum (6) Cunctis (7) Maria.

sacrée à leur souvenir par la piété de Sibille, fille de Geoffroi, laquelle Sibille légua par testament en 1261, ainsi que nous l'avons noté précédemment, la seigneurie de Toulon, dont elle avait hérité de son père, à Charles I, Comte d'Anjou, Comte de Provence, et frère de Louis IX, roi de France.

Dès l'année 1200 le chapitre était composé de douze chanoines, dont quatre étaient dignitaires sous le titre de Prévôt, d'Archidiacre, de Sacristain, de Préchantre ou Capiscol; de dix prêtres bénéficiers, de clercs, de choristes et de musiciens. Le chapitre était décimateur et prélevait la dîme au taux d'un vingtième sur le vin, d'un seizième sur les grains. Entre autres obligations qui lui étaient imposées, il devait entretenir un écolâtre pour l'instruction des enfans de la ville, et faute par lui d'y pourvoir, les revenus attachés à cette prébende étaient retenus par la communauté. Il devait aussi le jour de la Chandeleur faire remettre à chaque chef de famille une chandelle de pure cire du poids d'une once. Il concourait pour un tiers à toutes les réparations grosses et menues de son église. Parmi les soixante-cinq évêques dont les noms sont connus, trois ont été mis au rang des Saints, quatre ont été revêtus de la pourpre romaine, plusieurs se sont distingués par leurs pieuses et utiles institutions, par leur inépuisable charité, cette dernière vertu d'autant plus louable chez ces dignes prélats, que les revenus de leur évêché étaient fort modiques (1).

Avant de voir par nos yeux ce qu'est l'église aujourd'hui, souffrez que je vous dise, mon cher Albert, ce qu'elle était avant le règne d'Henri IV et que je rappelle brièvement l'époque des constructions et des changemens qu'on y a fait. Sa direction était du couchant au levant, ce n'était à proprement parler qu'une grande salle ou halle dont le plafond était supporté par des poteaux en bois, l'autel principal, le chœur étaient placés dans ce qui fait la chapelle St-Joseph actuelle. En 1598 sur les plaintes portées au conseil-général que les chanoines et bénéficiers ne disaient point, les jours de fête, le nombre de messes fondées, et qu'ainsi vu la la petitesse de l'église, beaucoup de fidèles étaient privés d'entendre l'office divin, il fut proposé d'édifier une seconde paroisse à la construction de laquelle le chapitre serait sommé de contribuer. Soit défaut d'emplacemeut, soit pénurie

---

(1) La conduite noble et généreuse de l'évêque Bonin de Chalucet pendant le siège de 1707, sa libéralité en faveur de l'hospice de la Charité et des écoles publiques, assurent à ce prélat des droits à la reconnaissance des Toulonnais; la mémoire du dévouement de son successeur, M. Latour du Pin Montauban, ne doit pas leur être moins chère : ils n'ont pu oublier que zélé pasteur, M de Montauban n'abandonna pas son troupeau durant la peste qui en 1720 et 1721 enleva la moitié de la population de la ville (13,160 habitans sur 26,276) et que, digne émule de l'immortel de Belzunce, à qui, dans ce siècle égoïste, tout Marseille vient de rendre un témoignage public de vénération et d'amour, ce pontife sembla se multiplier pour distribuer toute espèce de secours aux malades, et exercer auprès d'eux les pénibles fonctions de son auguste ministère.

dans les finances, la délibération prise à cet égard n'eut aucun effet. En 1609 on procéda au prolongement de l'église du côté de l'ouest en détruisant les chapelles St-Honoré et St-Jean, on fit disparaître les poteaux qui soutenaient le plafond, et ce plafond fut remplacé par une voûte à plein cintre. Cette opération devint bientôt insuffisante pour la population qui, chaque année, prenait un nouvel accroissement, il fallut agrandir et élargir la cathédrale. La communauté commença à acheter les maisons voisines en 1653; sur le terrain acquis, la première pierre de l'agrandissement fut posée le 13 mars 1654, et l'on travailla sans relâche à bâtir l'église sur le plan actuel en en portant au nord le chevet. Tout fut à peu près terminé vers la fin de 1660. La consécration eut lieu le 1er mai de l'année suivante : la sacristie fut faite seulement en 1695. Le portail a été commencé en 1696. Les stalles et les boiseries du chœur ont été refaites à neuf en 1714.

La première pierre du clocher a été posée le 14 août 1737, il a été achevé en 1740. Cinq ans après, c'est-à-dire en 1745, l'église ayant été réparée et restaurée, MM. les chanoines Brun et Imbert firent construire, à leurs frais, le bel autel en marbre du chœur, M. le prévôt d'Esparra fit faire et dorer à ses dépens la grille séparative de la nef et du chœur; le chœur a été pavé en marbre en 1785, la boiserie actuelle a été faite il y a une dixaine d'années, sur les dessins de Bernard Sénéquier, professeur de dessin de la marine, par son frère Louis-Joseph. Les cinq panneaux devaient offrir l'histoire de la Vierge scupltée par Louis Hubac.

L'église Notre-Dame, ancienne cathédrale, s'annonce au dehors par une façade à laquelle l'intérieur est loin de répondre. Les trois portes sont placées dans un attique appliqué sur des pilastres ioniques engagés à demi dans le mur de face. Les portes latérales sont séparées de la grande au-dessus de laquelle est une croisée octogone par des colonnes doubles d'ordre corinthien reposant sur des stylobates, leur entablement est couvert par un fronton triangulaire à double saillie, orné de figures en bas-reliefs et demi-bosses de très bon effet.

Le clocher dont la hauteur, 36 mètres, est à peu près double de celle de la façade, se compose de deux tours superposées en pierre de taille, son sommet est encadré par une corniche surmontée par une balustrade qui fait le tour de la plate-forme sur laquelle est placée la cage en fer du timbre de l'horloge.

L'architecture de l'intérieur de l'église n'a aucun caractère particulier, c'est une espèce de gothique dégénéré. Les arcades qui forment les trois nefs sont en ogives peu prononcées, les pilastres en pierre dure sont sans filets, sans colonnettes et n'ont d'autres ornemens que des astragales peu saillans. La grande nef qui règne jusqu'au fond du chœur n'est pas proportionnée dans ses dimensions, elle a 50 mètres de longueur sur 10 seulement de largeur. On y remarque une chaire qui peut passer pour un chef-d'œuvre de sculpture et de menuiserie (1).

Les orgues, placées jadis au chevet de l'église, le sont maintenant au dessus du tambour de la porte d'entrée; elles sont belles et fort complètes.

Le chœur est orné d'un immense tableau de fond traité à la manière italienne du meilleur temps et de deux autres tableaux sur les côtés. L'autel en marbre de couleurs différentes a pour devant un magnifique bas-relief représentant la Vierge mise au tombeau. Ce bas-relief altéré par les amas de sel qui, sous la république, étaient déposés dans la Cathédrale, est, si j'en crois un Toulonnais fort instruit, l'ouvrage du sculpteur Verdiguier, le même qui a fait en 1743, le Mars que vous avez admiré au-dessus de la porte de l'Arsenal, d'autres l'attribuent à Puget. Je le crois antérieur à cet homme habile, et je suis tenté de penser qu'il décorait le maître-autel avant la reconstruction de l'église, d'autant qu'il est fait mention dans les archives d'un devant d'autel en marbre qui y avait été posé en 1630 (Puget n'était alors âgé que de 7 ans.) Parmi les tableaux attachés aux parois de l'église, on doit signaler les originaux suivans :

1° Au fond du chœur une Assomption par Michel de Serre. Le nom de Volaire qui s'y lit

---

(1) Dessin et sculpture de Louis Hubac, menuiserie exécutée par Joseph-Louis Sénéquier.

est un faux commis par ce Volaire, peintre très médiocre qui, au commencement du siècle dernier, avait été chargé de le nettoyer.

2° Une Notre-Dame du Mont-Carmel, par Dalmeric, peintre italien, je suis porté à croire que ce beau tableau provient de l'église des Minimes, où d'après la requête présentée par les Consuls de Toulon, en 1629, au Pape Urbain VIII, fut établie une confrérie sous le titre de Notre-Dame du Mont-Carmel. Les deux premiers évêques de Toulon, Honoré et Cyprien qui y figurent prouvent que ce tableau est de commande.

3° Deux tableaux de Puget, l'un malheureusement détérioré par un barbouilleur (Simonet) qui a osé entreprendre de le restaurer, représente l'Annonciation. L'autre, asez bien conservé, représente Saint-François en adoration devant la Vierge et l'enfant Jésus.

4° Les deux grands tableaux sur les côtés du chœur, ouvrage de Jean-Baptiste Vanloo faits pour être placés dans la chapelle *Corpus Domini*, l'un original consacré au triomphe de l'Eucharistie, l'autre heureuse copie de la belle composition de Raphaël, Melchisedech bénissant Abraham à son retour de la victoire sur les rois ligués contre lui.

5° Une Sainte-Famille, récemment peinte par M. Paulin Guérin toulonnais qui tient un rang distingué parmi les artistes du XIX siècle.

Les chapelles qui terminent les nefs latérales sont ce qu'il y a de plus remarquable. Dans la chapelle *Corpus Domini*, la sculpture réunie à l'architecture forment un contraste frappant avec la nudité de l'ensemble de l'église aussi mal éclairée que mal distribuée dans le percement de ses deux ou trois chapelles enfoncées dans les parois latérales. L'autel en marbre de couleurs sert de socle à deux chérubins en marbre blanc de grandeur naturelle qui passent pour être sortis du ciseau de Puget. (1) Ils tiennent chacun

---

(1) Puget est assez riche pour que, sans nuire à sa gloire, on puisse lui contester le mérite de la façon des thuriféraires, il serait le premier à dire s'il vivait encore, ils ne sont pas mon ouvrage, mais je reconnais à ma manière, à mon style si bien imité, l'élève que j'ai formé. Cet élève est Christophe Verrier. Rendez à Verrier l'hommage qui lui est dû. Afin de ne laisser aucun doute sur ce que nous mettons dans la bouche du Puget, recourons aux registres tenus par les comptables de la Confrérie de *Corpus Domini*. Nous y verrons que l'ancienne chapelle dont la fondation date au mois du règne de François Ier, puisque l'on peut citer une bulle du Pape Paul III confirmative de ses privilèges, a été démolie en 1654, et que l'on commença la reconstruction de la chapelle actuelle en même temps que celle de l'église entière. La dépense de cette reconstruction, depuis l'année 1654 jusqu'en 1660, s'est élevée à la somme de 12,531 fr. 6 s. 2 d.

Par contrat du 14 janvier 1659, Puget entreprit, d'après ses dessins, l'exécution de la custode, et se chargea de la menuiserie et même de la dorure au prix fait de 1,800 livres dont il ne toucha que 975, le surplus ayant été payé à sa décharge, savoir au sieur Ponchin, doreur, 500 livres, au sieur Panon, menuisier 325. Il est difficile de croire, d'après la modicité de la somme touchée par Puget, que les thuriféraires en marbre soient entrés dans la composition de la custode.

Louis et Jean Carravaque, menuisiers, firent le retable de l'autel en bois de noyer moyennant 850 livres, prix fait par acte du 3 mars 1661.

En 1667, le sieur Rombaud Languenu, sculpteur, exécuta pour la somme de 800 livres quatre figures en bois de noyer, les deux

un encensoir d'où s'échappe une fumée qui semble immatérielle, et que suspendent des chaînes en anneaux détachés sculptés dans un seul

---

plus grandes représentant un *Ecce homo* et une Notre-Dame de pitié, les autres deux anges soutenant une couronne royale.

En 1673, Jacques Corriolis, doreur, se chargea de la dorure du retable, des figures et autres endroits de la chapelle moyennant 1,500 livres.

Le mardi 20 mai 1681, vers les dix heures du soir, le feu ayant éclaté dans la chapelle, tous les objets et ornemens qui y étaient furent consumés à l'exception du ciboire et de l'ostensoire qu'un patron de barque de Marseille eut la hardiesse et le courage d'aller retirer du tabernacle embrasé. Afin de prévenir le retour d'un semblable désastre, il fut résolu que la réédification de l'autel et de ses ornemens serait faite non plus en matériaux combustibles, mais en marbre ou en stuc.

En conséquence, par contrat du 20 mai 1682, les recteurs de la chapelle, en présence et du consentement du grand-vicaire de l'évêque, le siège vacant, et des consuls de la ville, en ont confié la réfaction au sieur Christophe Verrier, sculpteur pour être exécutée suivant les plan et dessins dressés par lui-même au prix fait de 10,000 fr.

De ce qui précède on doit conclure : 1° que toute la décoration de la chapelle était en bois avant 1681, et que les thuriféraires en marbre n'existaient pas, 2° que si Puget y avait fait quelqu'ouvrage aussi digne de remarque depuis 1681, il en aurait été fait mention dans les registres de la confrérie, 3° et qu'enfin les sculptures qu'on y admire sont l'œuvre de Christophe Verrier. Ce sculpteur était né à Tretz, arrondissement d'Aix, département des Bouches-du-Rhône en 1630, mort à Toulon en 1689.

L'erreur qui fait attribuer les thuriféraires à Puget provient de ce qu'on les confond avec les groupes en marbre d'anges adorateurs, son ouvrage, qui décoraient chaque côté du bel autel de l'église des Minimes. Ces groupes exquis, passés on ne sait trop comment entre les mains du conventionnel Charbonnier, en furent retirés par échange par un artiste toulonnais. Celui-ci les a cédés pour une somme assez forte, quoique bien au-dessous de leur valeur, à M. Alexandre Lenoir qui les a placés dans le Musée des monumens nationaux, rue des Petits-Augustins, à Paris. Cet ami des arts en donne la description dans l'ouvrage bloc, la délicatesse et la difficulté d'exécution de ce travail étonnent les amateurs qui examinent de près ce chef-d'œuvre.

Derrière l'autel s'élèvent, adossées au mur, deux colonnes torses entrecoupées de canelures et d'ornemens qui rappèlent le goût du siècle de Léon X. Entre ces deux colonnes percent des rayons qui reflètent sur des têtes d'anges, de chérubins aux ailes légères. Le Père éternel apparaît sur des nuages, au-dessus du fronton à cornes de l'entablement au milieu duquel se montre un calice; Dieu le père un peu penché sur l'autel semble bénir son fils que le prêtre offre en sacrifice. Cet ouvrage est en plâtre peint, mais d'un grand mérite, deux pilastres latéraux en brèche rouge ou marbre ferrugineux, granuleux, veiné, sont séparés des colonnes torses par deux niches où sont placées les statues de St-Pierre et de St-Paul.

L'autre chapelle, à l'extrêmité de la nef gauche, est consacrée à la Vierge; elle est aussi profonde que le chœur et a quelque chose de plus mystérieux par l'obscurité qui règne sous la voûte à nerfs saillans qui précède la coupole du sanctuaire. Le sommet de l'arcade en ogive qui forme son entrée, sert de socle à une con-

---

qu'il a publié sur un établissement dont on peut le considérer comme fondateur.

Dans cette même église des Minimes existait une statue en marbre blanc, aussi grande que nature, de la mère du Sauveur. Cette statue, moins estimée que les anges adorateurs, mais non sans mérite, a été acquise et enlevée par des amateurs gênois.

sole sur laquelle est debout dans une niche, la Vierge portant l'enfant Jésus, dont la dorure, suite d'un vœu fait par la ville en 1657 en actions de graces d'avoir été préservée de la peste, a coûté six cents livres.

Le sanctuaire est richement décoré en ornemens de plâtre blanc dont l'exécution plaît aux connaisseurs. La Vierge, soutenue par des groupes d'anges et par des nuages paraît s'élever dans les cieux avec grace et majesté. Les quatre évangelistes et leurs attributs sont représentés en demi-bosse dans les angles du plafond concave de la chapelle, le tout forme un ensemble régulier et de bon goût, ouvrage de Bertulus, sculpteur génois qui s'était fixé à Toulon vers 1780. Derrière l'autel, dans un enfoncement fermé par des portes à trois serrures dont une des clefs demeurait dans les mains des consuls, on conservait dans de riches reliquaires le chef de St-Cyprien et d'autres saints vénérés par les Toulonnais; les reliquaires en matière d'or et d'argent ont été envoyés à la monnaie de Marseille en 1790.

Sortons de la cathédrale par la porte latérale qui touche la sacristie, nous entrerons dans un passage couvert, naguère rue tortueuse dite de de Saint-Clet, qui nous conduira à la rue des Prêcheurs, nommée dans les anciens cadastres de *Roca Blanca*. A peu de distance, à main gauche, nous trouverons une impasse au fond de laquelle, par un portique ouvert autrefois, on pénétrait dans la maison capitulaire. La rue de

Roc-blanc aboutissait par son couchant à la rue Droite, du côté opposé elle était fermée par les fortifications de la ville. L'ouverture en a été opérée au commencement du dix-septième siècle, et vers la fin du dernier en l'élargissant on a tâché de la rendre moins irrégulière (1).

C'est au milieu de cette rue qu'était, avant la révolution de 1789, le monastère des Dominicains, construit, ainsi que nous l'avons déjà dit, sur l'emplacement du palais à demi ruiné de la reine Jeanne, dont une partie toutefois servait encore de salle d'audience à la Cour royale et réginale, ainsi qu'elle se qualifiait dans ses arrêts. Sur la porte principale de l'église que précédait une cour ombragée par de grands arbres, on voyait les armoiries de Charles II et de Jeanne. Une inscription placée sur la porte par laquelle du cloître on entrait dans l'église, rappelait ce que les Pères devaient à la munificence de ces souverains, elles ont été brisées

---

(1) Des fouilles, pour le placement des tuyaux de fonte destinés à la conduite du gaz qui doit servir à l'éclairage de la ville, ont mis à découvert ces jours derniers une grande quantité d'ossemens humains, et ont fait ainsi reconnaître que le terrain pris pour l'élargissement de la rue, était occupé par un ancien cimetière du chapitre abandonné long-temps avant la construction du chevet de l'église cathédrale et des chapelles adjacentes, puisque ce terrain était couvert de maisons et de jardins que la communauté fut forcée d'acquérir vers le milieu du dix-septième siècle pour l'agrandissement de l'église. Les fouilles qu'il reste encore à exécuter feront trouver, comme celles déjà faites, au bout des rues qui aboutissaient à la vieille enceinte, les fondations des anciennes murailles et des tours.

et dispersées. Les pierres tumulaires ou mausolées qui couvraient les cendres des évêques Pierre de Marville, mort en 1402, de Thomas Jacomel, décédé en 1571, et d'autres savans et illustres personnages qui, ayant appartenu au monastère, ont voulu y être inhumés, ont eu le même sort. Que sont devenues les inscriptions, les épitaphes gravées sur le pavé de cette église? Où ont passé les tableaux précieux, soit par le talent de l'artiste, soit par le temps où ils avaient été faits, qui en décoraient le pourtour et les autels? Quelques uns ont-ils échappé à l'esprit dévastateur, qui dirigeant les bras des modernes Vandales, ne laisse plus que le souvenir des monumens dont la perte deviendra plus regrettable de jour en jour?

Une porte collatérale de l'église s'ouvrait sur la rue de Roc-Blanc, et l'on faisait le tour de l'enclos qui renfermait le logis, les cours, le jardin des Dominicains, par une rue étroite et tortueuse nommée de St-Vincent, par laquelle on arrivait à la place portant le même nom, cette place le devait à une chapelle dédiée à ce saint martyr, la première qui ait été bâtie à Toulon; car suivant ce qu'on lit dans un vieux manuscrit existant aux archives, elle a été érigée en l'an 378 sur les ruines d'un temple consacré aux divinités adorées par les Romains. De la rue de Roc-Blanc ou des Prêcheurs on parvient également par une autre rue à la place St-Vincent. Cette rue qui n'était autrefois qu'une longue impasse joignant les fortifications, s'appelait rue du Tort ou du Puits-du-Tort, on y pénétrait par un portique dit le Trou-du-Juge ; ce portique a été démoli en 1708. On y voyait aussi d'autres portiques ou ponts transversaux qui supportaient des portions de maisons; ces ponts ont été détruits lors du percement de la rue.

La chapelle St-Vincent était enclavée en partie du côté du nord-ouest dans le jardin des Dominicains, c'était une espèce de succursale de l'église cathédrale, elle fut abandonnée aux Pénitens blancs en 1606, qui en ont joui jusqu'en 1789, qu'ils furent contraints par un arrêt du conseil d'Etat de la céder à la confrairie des Pénitens gris, la seule conservée, lors de la suppression des autres, par le même arrêt. Cette chapelle employée à divers usages, pendant et après la révolution, a fini d'être démolie de manière à ne plus laisser de vestige il y a quelques années, (en 1803.)

De la place St-Vincent, par le côté ouest, on descendait à la rue Droite par une rue dite de la Canau ou du Béal, qui contournait l'enclos des Dominicains; cette rue existe encore, mais son extrémité sud-ouest qui donne dans la rue des Beaux-Esprits est fermée par une porte, tout près de laquelle était le moulin dit de *la Peiro*, dont l'emplacement, après la ruine dudit moulin, fut vendue en 1596.

La place St-Vincent sur laquelle on voit aujourd'hui un lavoir public nouvellement établi, a un débouché sur la rue de Bonnefoi : celle-ci close du côté du levant par les fortifications, avant l'agrandissement de la ville, aboutit sur le Cours : en la remontant du côté du couchant et après avoir dépassé de plusieurs toises la maison des Sœurs de l'évêché, on trouve à main gauche la rue Droite qui nous reste à parcourir pour achever notre promenade dans le vieux Toulon, et, à main droite, une prolongation de cette dernière jusqu'au Cours, vis-à-vis les bâtimens de l'arsenal de terre construit sur l'emplacement de l'ancien couvent des Ursulines admises à Toulon en 1625.

La rue nommée Droite, dans les plus anciens cadastres, était une des principales de la ville, à-peu-près parallèle à la rue des Maurels, comme celle-ci, elle la traversait dans sa longueur, du nord au midi, depuis la rue de Bonnefoi jusqu'à la rue du Trabuc. Elle a perdu son nom de rue Droite pour en prendre, dans son étendue, trois différens : dans sa partie supérieure de la rue Bonnefoi à la rue de l'Anglade (d'Astour) elle se nomme rue des Beaux-Esprits, entre ce commencement et celui de la rue des Maurels (de l'Oratoire), sur l'emplacement de diverses maisons visant sur la rue Bonnefoi, acquises à différentes époques par la communauté, fut édifié en 1625, le collége confié à la direction des PP. de la congrégation de l'Oratoire, dont les bâtimens successivement agrandis, furent reconstruits en entier sur un nouveau plan en 1686. A l'époque de la suppression des communautés et congrégations religieuses, la maison de l'Oratoire, devenue propriété nationale, fut remise à l'administration de la marine ; celle-ci l'échangea, avec la ville, contre le bâtiment communal, dit du Piquet, situé près de la porte de France, qu'elle vient de faire abattre et à la place duquel elle a élevé une caserne pour la gendarmerie maritime. La ville avait rendu en quelque sorte, à sa destination primitive l'ancienne maison de l'Oratoire en y plaçant des écoles publiques, lorsqu'elle a dû la céder au département pour l'érection d'un nouveau Palais de justice.

Au midi de cette maison de l'Oratoire, on trouvait une impasse ayant la forme d'une équerre, et son entrée par la rue Droite, que le vieux cadastres désignaient par le nom de Carreirete ou de rue Perdue. Cette impasse vient d'être percée du côté de la rue de l'Oratoire et s'appelle rue Traverse des Beaux-Esprits. La partie qui s'enfonce entre les maisons se nomme impasse des Beaux-Esprits.

Après avoir laissé à droite en descendant la rue de l'Anglade (d'Astour), quatre pas plus loin à gauche, celle de Roc-Blanc, (des Prêcheurs), à l'entrée de la continuation de la rue Droite, qui porte en ce moment le nom de rue des Boucheries, existait un portique qui au besoin interdisait le passage, lequel portique a été démoli en 1672. Vers son milieu aboutissent du levant la rue Panaterie (Cancelade), et et presque joignant celle-ci le coutour de la rue Bastide ou des *Cauquières*; cette dernière fait face à la rue de la Sacristie, tirant à la place de la Cathédrale : plus bas, immédiatement au dessous du point de réunion des rues de l'Ouvrerie et de Saint-André, la rue Droite a changé son nom contre celui de rue du Mazeau (des Orfèvres), au bout de laquelle on tenait le marché au poisson ce qui fesait appeler cette dernière partie rue de la Pescarie qui se terminait à la porte du Môle. Cette extrémité de la rue Droite considérablement élargie par l'achat fait par la communauté d'un certain nombre de maisons particulières forme la place actuelle sur laquelle a été construite, en 1690, aux frais de la communauté et des propriétaires voisins, la halle sous laquelle on débite le poisson, suivant le prix fait passé par la ville avec César Aiguillon, maître maçon : cette halle n'est autre chose qu'un vaste hangard ouvert de toutes parts dont le toit est supporté par dix colonnes en pierre d'ordre toscan. Chaque colonne a 4 pans de diamètre, 0 mètre 974, et trente pans de hauteur, 7 mètres 208. En en faisant le tour, on remarque au-dessus de la porte d'entrée d'une fort belle maison pour le temps où elle a été bâtie, deux lions au repos, en pierre de Calissane. On assure qu'ils sont l'ouvrage de Puget; leur parfaite exécution permet de le croire.

A la place de la Poissonnerie aboutissent les rues et traverses de la Figuière (des Bonnetières du côté du couchant), par son angle sud-est elle touche à l'ancienne place du marché, celle-ci n'était à proprement parler, qu'une extention de la place du Palais, c'était là que se faisait la vente des céréales de temps immémorial, et que se rassemblait près la pierre du cestier dans laquelle se mesuraient légalement les grains, l'université des citoyens de Toulon quand, comme en 1289, ils étaient convoqués en parlement public, et que tous les habitans âgés de plus de quatorze ans étaient invités à prendre part aux délibérations. La vente des céréales a cessé de s'opérer sur cette place en 1621, la ville ayant fait bâtir pour la plus grande facilité et commodité du commerce une vaste halle sur la place d'Amont (place au Foin), halle abattue en 1757 pour l'agrandissement et la décoration de ladite place (1).

---

(1) La place du Palais, ainsi que nous venons de le faire remarquer, n'en formant en quelque sorte qu'une avec celle du Marché, était la seule dans l'intérieur de la ville qui pût porter ce nom, les autres appelées de l'Eglise, de Saint-Vincent, du Mazeau, cette dernière entre la rue des Boucheries et des Orfèvres, anciennement du Petit Mazeau, n'étaient à proprement parler que des carrefours. Ce n'était qu'au dehors près des portes de la ville qu'un espace vide et assez vaste méritait le nom de place. Telle était la place Saint-Michel entre les faubourgs de Saint-Jean et de Sainte-Catherine où l'on trouvait une fontaine publique ; telle la place du Portalet ou du Grand Mazeau où l'on construisait des barques et navires près d'une tour dite de Mesle et de la chapelle Saint-Pierre, la place du Portalet était séparée de l'île de Milhau par un canal alimenté par les eaux de la mer, l'emplacement de cette île et des canaux qui l'entouraient, est maintenant couvert par la rue de l'Asperge autrefois de Gignac, par les rues Neuve et Savonnière et par le côté sud en partie de la rue Saint-Sébastien. Telle était enfin la place des Ormes ou d'Amont devant le portal nommé indifféremment portal d'Amont, portal Royal et d'Ollioules.

C'était par le portal d'Amont que les Rois, Princes, Évê-

Ce serait le cas, en regagnant mes pénates, de vous entretenir du commerce de Toulon, de l'industrie de ses habitans, de leur esprit, de leur caractère, mais comment traiter un pareil sujet surtout sous son dernier rapport sans courir le risque d'éveiller quelques susceptibilités en disant toute la vérité, ou de vous induire en erreur en l'altérant. Il en est un moyen et le voici : C'est de vous rappeler ce que j'ai lu dans

---

ques, Gouverneurs et autres grands personnages faisaient leur entrée solennelle. Louis II y fut reçu sous un dais d'or que la communauté emprunta du chapitre.

Ce dais fut retenu par les chambellans du Roi et la communauté le remplaça par un autre qu'elle fit acheter à Avignon. Ce fait est constaté par un acte du 9 septembre 1405. Cette retention du dais faite par les chambellans de Louis était basée probablement sur un ancien usage qui passa dans la suite pour un droit acquis, et fut exigé par les serviteurs des grands personnages à qui l'honneur du dais était dévolu. Les gens de l'évêque Augustin de Forbin gardèrent le dais que la ville avait emprunté des recteurs de la chapelle *Corpus Domini*, et qu'elle fut obligée de remplacer. Les pages des princes et gouverneurs se contentèrent d'une indemnité pour ne pas conserver celui dont il avait été fait usage à la réception de leur maitre.

Ces réceptions occasionnaient de grandes dépenses à la ville, indépendamment des armoiries des princes et grands seigneurs qu'elle faisait peindre sur les quatre portes, des arcs de triomphe décorés avec pompe qu'elle fesait dresser, des compagnies de milice bourgeoise qu'elle équipait avec plus de recherche, des corps de métiers qu'elle réunissait, des milliers de pans de rubans de la couleur de la livrée de ces personnages qu'elle distribuait au peuple, des prix décernés aux vainqueurs dans les jeux dont elle offrait le spectacle tant sur la terre que sur l'eau, elle fournissait le logement aux arrivans, elle leur donnait des repas, elle leur présentait les vins d'honneur, et faisait à chacun d'eux et aux plus marquans de leur suite des cadeaux consistant en liqueurs, fruits secs ou confits, essences, gants, bougie et parfois d'une bourse remplie d'or.

un mémoire déposé aux archives de la ville, et de justifier mon récit par la représentation de l'original : Toulon n'est en quelque sorte qu'une colonie qui se renouvelle incessamment, où chaque membre apporte les qualités ou les défauts de son pays natal. La haute société ne se compose que d'officiers de mer et de terre en activité ou en retraite, des chefs et d'employés d'administration, de quelques hauts fonctionnaires civils dont le plus grand nombre est étranger à la ville, et n'y demeure qu'autant qu'il y est retenu par la nature de ses fonctions. Ceux qui la fréquentent ne forment que des liaisons passagères, et les relations se bornent à ces signes extérieurs de politesse dont on use à l'égard de simples connaissances. Dans les réunions règnent rarement cet abandon, ce laisser-aller qu'autorise l'intimité, et qui en font le charme dans d'autres pays. Les sociétés inférieures ressemblent à ceux dont l'origine est commune quant au pays qui les a vu naître, ils ne fraient qu'entre eux, et ce n'est qu'après un long séjour à Toulon que la fusion s'opère entre les natifs de la ville et leur génération.

Les Toulonnais de vieille roche ont de la vivacité, de la bravoure, de l'esprit naturel : comme les autres Provençaux, ils sont sobres, laborieux, intéressés, capables de tout entreprendre, mais se lassent facilement ; ils se livrent volontiers au plaisir, mais entre eux et en famille. Leur bonheur est de posséder une bastide où ils passent les jours de fêtes à manger et à dormir entre leurs repas : ils y admettent rarement les régnicoles, qu'ils ne considèrent point encore comme des compatriotes et qu'ils désignent toujours par le surnom de Franciaux. Les plus relevés d'entre eux occupent les places de judicature sont notaires, avocats, avoués, exercent la médecine et la chirurgie, deux ou trois peuvent être considérés comme négocians, le surplus se livre au commerce de détail, les autres sont des artisans parmi lesquels il en est qui se distinguent. Le bas peuple est brusque, mal élevé et même un peu brutal, mais facile à ramener ; les voies de hauteur le révoltent ; il cède aisément à la douceur. On peut dire, en général, que c'est un bon peuple, qui fournit à l'état d'excellens matelots et de bons soldats. Quelques Toulonnais se sont fait un nom dans les arts libéraux et mécaniques ; il en est peu qui se soient illustrés dans la république des lettres.

Le commerce en gros est à peu près nul aujourd'hui, nous venons de vous le dire, Toulon possédait autrefois dans ses murs vingt-une fabriques qui fournissaient au delà de 60,000 quintaux de savon blanc ou marbré, vingt tanneries, dix manufactures de gros draps, des métiers pour la soie et la bonneterie, dix teintureries pour la soie et la laine, huit manufactures de cotonines pour toiles à voiles, une rafinerie de sucre, des établissemens pour le blanchissage de la cire et la fabrication des cierges ou bougies, des fabriques de chapeaux ; sur son territoire, on trouvait des forges, des amidonneries. Les constructions de bâtimens pour le commerce étaient une branche d'industrie très importante.

Maintenant on n'y trouve plus que deux ou trois tanneries, autant de savonneries, une ou deux fabriques de chappellerie commune, des fabriques de vermicel et des courtiers ou commissionnaires pour la vente des céréales.

D'où provient la chûte des grands établissemens: quelle est la cause qui empêche les détaillans de donner à leur commerce une extension qui les classe parmi les négocians? Tout cela vient de ce que l'on élève la jeunesse dans le mépris du travail manuel et de tout ce qui exige une certaine contention d'esprit et une activité soutenue. On rougit de la profession de son père: du moment qu'on a une écriture passable, on se précipite dans la bureaucratie, on n'a en perspective que les hauts emplois et l'espoir d'une pension de retraite. On ne calcule pas que sur mille, dix à peine sont favorisés et que tout le reste vegète dans la dépendance durant ses plus belles années, et languit dans sa vieillesse avec le regret de n'avoir pas mieux employé son temps. L'artisan, au lieu de perfectionner son fils dans son métier, au lieu de lui apprendre à l'honorer ce métier, en s'y distinguant par sa probité et par ses progrès, veut en faire un *monsieur* et s'estime heureux de le placer comme écrivain. Ceux qui, dès l'enfance, étaient livrés aux travaux de la campagne, les abandonnent pour entrer comme journaliers dans l'arsenal ou leur modique salaire est exhorbitant si on le compare à l'ouvrage qu'ils y font. La campagne se dépeuple, les terres en souffrent, et l'industrie ne suffit plus pour nourrir la multitude qui s'entasse dans la ville. De cette multitude une partie soit par inclination, soit par manque d'occupation, se livre à la paresse et tombe dans le désordre et la misère qui en est la suite, parce qu'elle ne peut se déterminer à reprendre les outils de son jeune age.

Les Toulonnais tiennent à leurs anciens usages autant qu'à leur patois, ce qui ne contribue pas peu à les éloigner des études qui aggrandiraient le cercle de leurs idées ; ennemis de toutes innovations, ils répugnent à adopter celles dont l'utilité est la mieux démontrée, peu instruits en général et conséquemment entêtés, ils ont acquis un certain vernis de politesse avec les voyageurs dont leur ville abonde, ils les accueillent avec empressement parce que leur présence y répand de l'argent ; mais si ces voyageurs s'y fixent à demeure pour quelque cause que ce soit, il semble que c'est une injure faite à leur capacité, parce que leur amour-propre, ou leur cupidité, leur persuade qu'ils sont aptes à tout, et, que toutes les positions qui rapportent de l'argent leur conviennent. Au surplus, leurs bonnes qualités compensent leurs prétentions ; ils sont charitables et humains, plus causeurs que méchans, amis dévoués de ceux qu'ils affectionnent et toujours prêts à braver la mort pour tendre la main au malheureux dont un accident quelconque met les jours en danger.

4ᵉ PROMENADE.

SOMMAIRE.

Projet de construction de 1660. — Incendie en 1677. — Vauban à Toulon en 1679. — Rue de l'arsenal. — Porte de l'arsenal. — Porche. — Ateliers des tailleurs. — Bibliothèque. — Corderie. — Ateliers des sculpteurs, des avironiers, corps de garde des pompiers — Ateliers en construction. — Grandes forges. — Mâture, ateliers des voiliers. — Cales couvertes. — Bureaux de la direction des travaux hydrauliques. — Ateliers des boussoles. — Service de santé, ambulance. — Magasin général. — Salles aux voiles. — Garniture. — Magasins aux huiles, de recette, de dépôt. — Petite mâture. — Tonnellerie. — Salle d'armes. — Ateliers des armuriers. — Forges des travaux hydrauliques. — Prison de Gervais. — Ateliers des serruriers. — Direction de l'artillerie. — Magasins particuliers. — Quai, vaisseaux y amarrés. — Cuisines. — Chaîne neuve. — Bassins de radoub. — Pompe à feu. Mécaniciens. — Bagne. — Hôpital du Bagne. — Caserne des gardes-chiourmes. — Vaisseau amiral. — Charpentiers. — Calfats. — Pont tournant. — Bâtimens sur le chantier. — Machine à mâter. — Ateliers des cabestans, des ébénistes, des menuisiers. — Tour de l'horloge. — Direction des mouvemens du port, des constructions navales, des travaux. — Fontaine pour l'approvisionnement des navires. — Ateliers des peintres. — Musée maritime ou salle de modèles.

Lorsqu'après le traité des Pyrénées qui valut à la France la possession de l'Artois et du Roussillon, traité avantageux sous d'autres rapports, conclu par l'adroite politique du cardinal Mazarin, prédécesseur du dernier gouverneur de Toulon, Louis XIV vint dans cette cité, avant de se rendre à St-Jean-de-Luz, où il accomplit son mariage avec l'Infante d'Espagne, Marie-Thérèse, ce prince qui, dès-lors, avait le projet de gouverner par lui-même, fut frappé autant de l'étendue et de la sûreté de la rade que de la petitesse de la darse. Cette darse, creusée sous le règne de son aïeul, enserrée à l'ouest, comme elle l'est au levant, entre un môle et des fortifications qui ne lui permettaient pas de lui donner plus d'extension, était évidemment insuffisante pour l'usage du commerce et le service de la marine royale, et le port manquait d'espace pour contenir les établissemens indispensables : Louis résolut d'y suppléer en faisant creuser un nouveau port dans l'enceinte d'un arsenal de sa création, qui surpasserait en grandeur et en magnificence les ports de l'Océan.

Différentes circonstances firent retarder l'exécution de ce noble dessein, elle fut hâtée par un accident qui aurait pu être bien fatal à la ville. Le 22 avril 1677, le feu prit dans le port aux bâtiments de l'étuve avec une telle violence, qu'il menaçait d'incendier la ville entière, si, par l'ordre de l'intendant de la marine, on n'eût promptement abattu les maisons voisines qui commençaient à s'embraser, et si la population n'eût secondé, avec une activité sans égale, les efforts des marins pour enlever avec rapidité une quantité énorme de poudres déposées dans un magasin éloigné de moins de vingt pas des bâtimens que la flamme dévorait.

C'est au plus fameux ingénieur de son temps que le roi confia cette grande entreprise, Vauban se rendit à Toulon, dressa ses plans, fit mettre la main à l'œuvre, et les travaux furent poussés avec une vigueur surprenante. Ce qui reste des constructions de cette époque, atteste le génie de l'homme célèbre qui les a conçues ; elles n'échapperont point, mon cher Albert, à votre sagacité.

La rue de l'Arsenal, qui de son extrémité nord touche au Champ-de-Bataille, se nommait la rue des Bohêmes et aboutissait en droiture à la rue du Quai. Ce n'est que depuis l'année 1769 que l'on a reporté le mur d'enceinte de l'arsenal jusqu'à la rue Trabuc, et que l'on y a renfermé l'île de maisons parmi lesquelles se trouvaient les bâtimens, cour et jardin dépendant de l'hôtel du commissaire-général de la marine.

La seule porte par laquelle on entre par terre dans l'arsenal est ornée de quatre colonnes d'ordre dorique, dont le fût, d'une seule pierre, est en marbre veiné. Elles sont détachées et laissent apercevoir entre elles des bas-reliefs, trophées de marine et de guerre. Sur leur entablement sont assises deux statues de Minerve et de Mars. Au dessus de l'attique repose, sur des canons et flanqué de drapeaux, un écusson surmonté d'une couronne royale, une ancre y remplace les fleurs de lys. Sur le même plan, deux génies embrassent l'un un faisceau de lauriers, l'autre un faisceau de palmes. A l'extrémité sont groupés les attributs des sciences et des arts relatifs à la navigation. Tous ces ornemens brillent par le goût et le fini de leur exécution, due au ciseau des sculpteurs Lange et

Verdignier. L'époque de la construction de cette porte, élevée sur les ruines de celle de l'ancien parc, était rappelée par l'inscription suivante, gravée en lettres dorées sur une table de marbre :

LUDOVICUS XV REX CHRISTIANISSIMUS
NE QUID PORTUI TOLONENSI
SUB LUDOVICO MAGNO ADSERTI
SPLENDORIS INTERIRET
PRINCIPALIS HANC NAVALIS
ARMENTARII PORTAM
PRO DIGNITATE LOCI
RESTITUIT
ANNO MDCCXLIII.

Sous le porche, à main gauche, on trouve, un corps-de-garde, occupé par une escouade du régiment de marine et la loge des portiers ou gardiens-consignes. L'emploi de ces derniers est de veiller à ce que nul ouvrier ne sorte sans permission pendant les heures de travail, et à ce qu'aucun n'emporte rien de ce qui appartient à l'état. Malgré leur surveillance, qui semble excessive quand on les voit fouiller les sortans à la cessation des travaux, il échappe toujours quelque chose à leur vigilance, mais il faut se garder de donner à ce quelque chose l'importance que l'exagération lui attribue. A main droite, une porte donne entrée à l'atelier des tailleurs pour les équipages de ligne. Après avoir franchi la grille, seconde fermeture du porche, on est frappé de l'immense espace vide que l'on découvre. Cet espace, où étaient autrefois disséminés plusieurs corps de logis, habités par divers employés supérieurs, formerait une vaste place propre à passer en revue les hommes de vingt bâtimens de haut bord, s'il n'était pas encombré en partie par des matériaux de toute espèce.

Gagnons l'angle nord-est de l'arsenal en passant devant le corps-de-garde de la gendarmerie maritime, et les croisées qui éclairent l'atelier des tailleurs dont nous venons de parler. L'édifice en construction, adossé à l'hôtel de la majorité, est destiné à recevoir dans son premier étage la bibliothèque de la marine et à fournir au rez-de-chaussée un local pour l'école de maistrance et des salles de réunion pour les diverses commissions. La bibliothèque de l'arsenal est d'une institution récente(1), et déjà elle se compose d'ouvrages qui en général ont rapport aux sciences mathématiques et physiques, aux constructions maritimes, aux études du manœuvrier, à l'histoire de la marine et des découvertes, aux voyages de circum-navigation, de géographie, d'hydrographie dont la collection s'élève à 4,000 volumes, et dont la richesse s'accroîtra chaque année grâces à l'intérêt que le ministère prend aux établissements de ce genre, qu'une ordonnance royale vient de consolider.

---

(1) M. le comte de Missiessy, vice-amiral, pendant la préfecture duquel elle a été créée avait fait placer dans un des petits pavillons de l'île de la mâture, le petit nombre de livres répandus çà et là qu'il s'était complu à recueillir.

Les bâtimens détruits pour élever ceux de la majorité et de la bibliothèque étaient avant la révolution affectés aux Gardes de la marine qui ont pris le nom d'Enseignes en 1786; ils ont servi provisoirement de magasin-général dans l'intervalle de temps qui s'est écoulé entre l'incendie de l'ancien et la construction du nouveau. Tout près existait, ou en faisait partie, une chapelle où l'on disait la messe, il y a moins de trente ans.

La bibliothèque est séparée de la corderie par une large ruelle.

La corderie est un édifice aussi remarquable par son étendue, par la solidité de sa construction que par la noble simplicité de son architecture : son ensemble, qui consiste en deux beaux pavillons unis par une galerie divisée en trois massifs, a 300 mètres de longueur sur 20 de largeur. Les voûtes de la galerie supportent un étage également voûté. Les pavillons le sont aussi; leur comble est couvert en mansarde, ce qui leur donne plus d'élévation. La façade de ce monument, commencée en 1684, est masquée presque en totalité par une longue suite de clôtures de barraques en bois, où sont établis les ateliers de la sculpture, de l'avironnerie et le corps-de-garde des pompiers : elle le sera moins sans doute par les constructions commencées pour placer 70 à 80 feux de forges dans eux bâtiments, simples rez-de-chaussée de 100 mètres de long chacun; une large voie entre ces bâtimens et la corderie ménagera à l'œil du visiteur une belle perspective.

Dans l'étage supérieur de la galerie on file, on passe au goudron les fils carets dont on forme les torons qui composent le cable plus ou moins gros que l'on fabrique au rez-de-chaussée, suivant la force du navire auquel on le destine.

Les pavillons servent de magasins, celui de l'est, aux instrumens et ustensiles de cuisine et autres, en cuivre, en ferblanc ou battu; celui de l'ouest renferme le chanvre et les ateliers où on le peigne, où on le trie, avant de le livrer au fileur. L'usage des cables en fer dont vous avez vu une si grande quantité déposée dans une des nefs basses de la corderie, ou supportée, dans la cour, par ces énormes trétaux, a considérablement diminué le nombre des ouvriers employés ci-devant à la filature.

Si depuis la porte d'entrée nous eussions suivi la longue chaussée qui conduit au magasin-général, je vous aurais fait remarquer sur la gauche derrière le pavillon de l'horloge, s'étendant du nord au sud le long du canal, les ateliers dits des grandes forges, où sont façonnées les plus lourdes pièces. Au dela du canal, après avoir joui de votre étonnement à la vue des dimensions gigantesques de ces mâts couchés sur le sol, à la confection desquels trente ouvriers travaillent à la fois, dont la circonférence excède trois mètres et dont la longueur, lorsqu'ils sont en place, ne peut être appréciée que par un œil exercé; je vous introduirais dans ce long, large et haut bâtiment, dit de la mâture, qui remplace celui moins étendu que les Anglais ont brûlé. Le rez-de-chaussée sert de magasin pour déposer les mâts et vergues; au dessus sont les ateliers des ouvriers voiliers, et une vaste salle, sur le plancher de laquelle on trace le modèle de la courbure que doit avoir une pièce de bois quelle que soit sa grandeur; ce modèle, exécuté en planches minces et légères, facile à transporter dans le chantier, se nomme gabari.

A côté des bâtimens de la mâture et entre différentes cales de construction, sont deux hangards d'une largeur et d'une hauteur proportionnée pour mettre à l'abri de l'intempérie des saisons, jusqu'à ce qu'on les lance à l'eau, les bâtimens de haut bord qu'on y commence et termine. Ces hangards, bâtis de 1818 à 1822, se nomment cales couvertes (1). En vous approchant, vous passez devant deux pavillons isolés. Dans l'un, sont placés les bureaux de la direction des travaux hydrauliques; dans l'autre, vous visiterez avec intérêt l'atelier des boussoles et la salle basse qui sert de dépôt aux objets qu'on y fabrique. Au premier étage de ce

---

(1) On se propose de jeter un toit non seulement entre les cales couvertes, mais encore de construire d'autres hangards, sur le même alignement, tant pour servir de chantier aux ouvriers qui travaillent à la mâture, que de magasins aux mâts et vergues sortant de leurs mains, aux caisses à eau que la rouille dévore quand on ne peut les abriter.

dernier pavillon est établi un service d'ambulance, où se trouvent des officiers de santé prêts à donner les premiers secours à ceux qu'une blessure, un accident quelconque forcent d'en réclamer l'application.

L'emplacement occupé par les établissemens situés entre le canal qui fuit devant les ateliers des grandes forges et celui auprès duquel nous nous trouvons, est désigné, dans les anciens plans, sous le nom d'île de la mâture, parce qu'alors un canal, au nord, qui communiquait avec les deux autres, l'isolait entièrement, et prévenait le danger de voir, au cas d'incendie, le feu se propager, et atteindre les magasins et ateliers voisins, ou être communiqué par l'embrasement de ceux-ci. Il est à regretter que l'on ait pensé qu'une telle précaution fut superflue : le comblement des canaux du nord est encore blâmé par des personnages prudens, puisse un événement funeste ne pas prouver que leur désapprobation était fondée.

Le magasin général, dont un côté fait face à la grande porte de l'arsenal, est un bâtiment moderne, il remplace celui construit sous Louis XIV, que par une déloyauté insigne les Anglais ont incendié, en 1793, en quittant une ville au désespoir d'avoir introduit dans ses murs, comme alliés, de cruels ennemis qui, pour éclairer leur fuite lâche et honteuse, mirent le feu à tous les bâtimens flottans que contenait le port. La reconstruction du magasin général a été commencée sous l'empire : les fonds qu'on devait employer furent souvent détournés pour les besoins urgens de la guerre, pendant les dernières années du règne de Napoléon. A a chûte du grand homme, les fondations étaient à peine au niveau du sol. Les travaux, repris sous la Restauration, n'ont été entièrement terminés qu'en 1825.

Cet édifice est destiné à recevoir les matières premières et les approvisionnemens nécessaires pour l'armement de la flotte. Le tout n'en sort que pour être distribué dans les différens ateliers où on les met en œuvre Sa longueur est de 104 mètres sur 20 de largeur. Son rez-de-chaussée voûté est surmonté de trois étages, auxquels on arrive par deux beaux escaliers en pierre de taille, dont on admire la coupe hardie et l'elégante légèreté. Les marchandises volumineuses ou d'un poids considérable sont hissées au plus haut, au moyen d'une mécanique, par des ouvertures circulaires ménagées dans la voûte de chaque étage. Au centre du bâtiment, au rez-de-chaussée, sont déposés les fers en barres, les cuivres en planches, les plombs en lingots, la clouterie et ce qui s'y rapporte. Aux étages supérieurs, les toiles de toute espèce, les draps de toutes qualités, les étamines de toutes couleurs, les tricots, les coutils, les crins, les laines, les cordonnets, les glands et les fils, les étoffes de soie, les cuirs, les maroquins, etc., etc. Tous ces objets sont placés sur des tablettes et, selon leur nature, dans une suite de magasins particuliers, fermés chacun par une grille, au milieu desquels règne d'un bout à l'autre un long corridor. A chaque étage, auprès des ouvertures faites à la voûte, sont établis les bureaux des préposés et des employés aux écritures.

Dans la cour qui sépare le magasin général du magasin aux huiles, du magasin de recette, de dépôt provisoire et des bureaux du commissaire chargé du détail, de la réception et de la distribution des matières, reposent quelques antiquités égyptiennes, consistant en blocs de granit grossièrement sculpté, où sont représentées différentes figures d'hommes et d'animaux. Ces blocs, récemment apportés, ne doivent pas rester en ce lieu (1).

Le bâtiment qui ferme cette cour du côté de l'est et s'étend jusqu'au quai date aussi du règne de Louis XIV, il ne se compose que d'u rez-de-chaussée et d'un étage. Le rez-de-chaussée est rempli par les ateliers de la garniture où l'on dispose les agrès et particulièrement toute espèce de cordages nécessaires à un navire, où on les coupe, les garnit et les travaille. Une grande salle est au dessus, c'est là que l'on conserve pliées et entassées selon leurs proportions les voiles prêtes à être employées.

Sur l'emplacement clos au nord par les bâtimens dépendant du magasin général, au le-

---

(1) Ils ont été enlevés effectivement pendant l'impression de cet ouvrage.

vant par celui de la salle aux voiles, existent deux magasins où depuis leur construction on déposait la petite mâture. Ces magasins viennent d'être cédés à la tonnellerie dont ils touchent presque les vastes hangards. Ces hangards ne retentissent plus sous les coups des maillets comme avant l'emploi des caisses en fer pour l'eau d'embarquement. On n'y travaille plus qu'à la fabrication ou à la réparation de barriques propres à contenir du vin ou des spiritueux, et c'est à peine le tiers de ce que l'on y faisait autrefois. Ces hangards doivent être convertis en ateliers pour la fabrication des chaudières des bâtimens à vapeur.

Avant de quitter la tonnellerie, respirons un instant à l'ombre de ces saules pleureurs si fr s, si vigoureux.

A l'extrêmité ouest de la corderie dans un pavillon attenant à un corps de logis simple rez-de-chaussée où se trouvent les ateliers des armuriers dont les ouvriers en général appartiennent au corps de l'artillerie de la marine, est située la salle d'armes. On y monte par un escalier découvert. Là sont rangés avec symétrie et entretenus avec soin fusils, mousquetons, espingoles, pistolets, armes blanches, sabres d'abordage, piques, lances, tant anciens que modernes. Les colonnes qui soutiennent le plafond ressemblent à des palmistes dont des bayonnettes simulent les courtes branches qui en garnissent le trône. Vous y verrez cinq à six mannequins armés comme l'étaient les preux au moyen âge, portant casque, cuirasse, brassards, cuissards et gantelet, tenant d'une main la lance, de l'autre le bouclier. Le gardien de cette salle vous fera remarquer à juste titre deux de ces boucliers, l'un et l'autre en fer poli, dont le dessin relevé en bosse est fait au marteau. Sur l'un d'eux qu'il vous dira avoir appartenu à Godefroi de Bouillon sont représentés l'assaut et la prise de Jérusalem, le vendredi 13 juillet 1099. Sur l'autre dont le premier possesseur est inconnu, c'est Persée qui délivre Andromède.

Une statue de Pallas combattant, décore le milieu de la salle.

Les bâtimens qui enveloppent cette cour et la séparent des ateliers des armuriers étaient naguères occupés par la buanderie; ils sont abandonnés à la direction des travaux hydrauliques qui y a établi ses forges.

Vient à la suite la prison maritime dite Gervais, où sont renfermés les prévenus de quelque délit commis dans l'arsenal et les matelots qui doivent être traduits devant les tribunaux. C'est aussi une maison de détention dont le régime laisse beaucoup à désirer. A côté de cette prison on trouve les ateliers des serruriers séparés par un canal au moyen duquel on peut communiquer avec celui qui, en dehors des fortifications, conduit de la mer à la boulangerie. La porte qui lui donnait issue semble condamnée par la même raison qui a empêché d'en ouvrir une sur la ville, ainsi qu'il en avait été question, entre la corderie et la salle d'armes, afin de ne pas fournir une voie de plus aux soustractions frauduleuses.

Au delà du canal, un corps de logis nouvellement restauré et aligné remplace les baraques dégradées où travaillaient les serruriers, ce corps de logis conserve sa destination et l'on y voit de beaux ateliers de serrurerie.

L'enceinte du bastion qui suit, à la reserve du chemin de ronde casematé, est entièrement rempli par l'édifice monumental à peine achevé qu'occupe pour bureaux et magasins la direction de l'artillerie de la marine. Des masses de projectiles sont empilés dans la cour encore ornée d'une partie des arbres verts de lauriers-rose qui lui donnaient l'apparence d'un parterre; devant la grille, et sur le quai sont rangés par ordre de grosseur et de longueur des mortiers, des canons, des caronades, des obusiers de tout calibre. Les affûts, les caissons sont à couvert dans les magasins.

De ce bastion jusqu'à l'embouchure du port dans la rade, une série de magasins dont la construction a été faite sous Louis XIV, suit les contours de la fortification. Ces magasins s'appellent particuliers parce que chacun d'eux n'était fait que pour recevoir le gréement d'un bâtiment de guerre désarmé dont le nom était écrit en gros caractères au-dessus de la porte. Quelque uns aujourd'hui servent d'entrepôt pour les vins de cambuse, de magasins où l'on conserve les cables neufs, de dépôt pour les vieux cordages de toute espèce. On travaille en ce moment à la restauration de ceux de ces magasins que le temps a dégradé.

Aux bords du quai, tracé selon les sinuosités des magasins, sont amarrés des navires de différentes forces qui attendent le moment d'affronter de nouveaux dangers.

Le surnom donné à ces navires rappelle le souvenir de grands événemens à la glorieuse issue desquels ont coopéré d'illustres capitaines dont les hauts faits où les précieuses découvertes enrichissent les annales de la marine. En lisant sur l'arrière d'un bâtiment le nom d'un Duquesne, d'un Jean Bart, d'un Duguay-Trouin, d'un Tourville, d'un Suffren, d'un Bougainville, d'un du Petit Thouars, d'un du Couëdic, d'un Bisson, et de tant d'autres, quel marin n'est enflammé du désir de marcher sur les traces de ces héros, de les surpasser même; quel ami de son pays n'accorde point à leur mémoire le tribut de ses hommages.

Nous allons passer sur un bac, qui n'a pas d'autre destination, l'entrée du port formée par deux puissants môles auxquels est attachée la chaîne tendue pendant la nuit pour en interdire l'accès et la sortie. Mais avant d'aller plus loin, remarquez sur l'une et sur l'autre rive ces voûtes noircies par la fumée, sous lesquelles seules il est permis d'entretenir du feu pour la cuisson des alimens des équipages embarqués sur des bâtimens qui stationnent dans le port pour une cause quelconque.

L'île dans laquelle nous nous trouvons n'est formée que de terres et pierres rapportées, massif consolidé par les quais et les fortifications qui l'entourent et sur lequel on ne peut construire que sur pilotis de longue dimension. Cette île renferme de grands établissemens qui méritent toute notre attention : d'abord les bassins de radoub, dont deux sont entièrement terminés; on travaille au curage du troisième. Le plus ancien de ces bassins dont la construction faite sur les plans et sous la direction d'un ingénieur distingué, M. Grogniart, à qui un maître constructeur, le sieur Pivot, disputa quinze ou seize ans après le mérite de l'invention, a été commencé en 1774. Ce bassin, tout en pierres de tailles d'une grande épaisseur, a 58 à 60 mètres de longueur, 26 de largeur et 18 de profondeur au dessous du niveau de la mer. Son entrée est fermée par un bateau-citerne de forme conique, dont les arêtes saillantes des deux extrémités s'enchassent dans des rainures taillées dans les parois de l'ouverture, au moyen desquelles il produit l'effet d'une vanne, lorsque, rempli d'eau, il s'enfonce de manière à ne plus laisser échapper cette entrée pendant son soulèvement. Pour le vider il fallait autrefois le jeu de vingt-huit pompes mues par les bras des forçats; maintenant le travail d'une seule pompe à vapeur en vient à bout en moins de temps.

Le second bassin d'une dimension un peu plus grande que le premier a été rendu apte à son objet en 1830, sous la direction de M. Bernard.

La machine à vapeur appliquée aux pompes qui doivent vider les bassins, ensemble ou séparément, est placée au centre de ce bel et grand édifice dans la construction récente duquel il n'a été employé d'autres matériaux que la pierre, la brique et les ciments. Son rez-de-chaussée est en outre disposé pour recevoir les ateliers des forgerons et des mécaniciens : déjà une partie de ces derniers ouvriers y est installée et de superbes machines sont prêtes à fonctionner pour la fabrication de tout ce qui est nécessaire à 'équipement des bâtimens à vapeur. (1) L'étage supérieur est réservé pour magasins et pour d'autres ateliers.

Ces petits pavillons isolés, solidement bâtis en pierres, remplacent les barraques en bois où les maîtres ouvriers renfermaient leurs outils ou ustensiles. La prudence avait obligé de démolir les barraques en 1835 lors de l'incendie du *Trocadero* dans le bassin; la violence des flammes faisant craindre, avec raison, que si elles en étaient atteintes, elles ne communiquassent le feu au bâtiment contigü, dans lequel est placé l'hôpital du bagne.

Le Bagne !.... que ce nom ne vous fasse point frissonner; en en parcourant les salles, en remarquant la propreté avec laquelle elles sont tenues, en rencontrant bien vêtus ceux qui les

---

(1) Elles font dans ce moment l'admiration de tous les connaisseurs en mécaniques; la machine à raboter le fer étonne autant par sa simplicité que par la perfection de son travail.

habitent, en les entendant rire et chanter, en vous convaincant que les travaux auxquels on applique un certain nombre d'entr'eux n'excèdent pas leurs forces, en apprenant que ceux d'entr'eux qui ont un métier gagnent chaque jour un léger salaire, en en voyant un grand nombre d'inoccupés étendus au soleil ou jouant aux cartes dans quelque bateau, ou s'entretenant gaîment avec le premier venu qui les accoste, en vous assurant par vos yeux que loin d'être traités avec rigueur sous de légers prétextes, ils le sont avec des ménagemens qu'une philantropie poussée jusqu'à l'absurde peut seule ne point désapprouver; en sachant qu'ils sont nourris abondamment, et que sous ce climat ils ne souffrent que rarement de l'intempérie des saisons, vous ne trouverez point extraordinaire qu'après avoir visité le bagne de Toulon en 1785, Dupaty, président à mortier au parlement de Bordeaux, ait écrit dans ses lettres sur l'Italie : « Chose horrible! Il y a peut-être des millions d'hommes en France qui seraient heureux d'être aux galères s'ils n'y étaient pas condamnés. « Et vous ne serez pas étonné que de nos jours on ait dit à la tribune de la chambre des députés, que le séjour au bagne est une faveur réclamée par les coupables qu'un délit moindre que le crime qui y conduit retient dans les prisons.

Cet immense corps de logis qui, de son pavillon nord, touche au quai qui borde le canal de communication des deux ports et qui se prolonge le long de la fortification jusqu'à la chaîne neuve, est affecté au service de la chiourme; dans le principe il était divisé en magasins particuliers et il a été exhaussé et disposé de manière à servir d'un côté au logement des forçats, de l'autre à celui des gardes-sous-comes et argousins chargés de les garder. Ce corps de logis ne se compose que d'un rez-de-chaussée et d'un premier étage; le rez-de-chaussée en dehors de la grille est occupé par les garde-chiourmes; c'est leur caserne.

A main gauche on trouve, après avoir passé la grille, les cuisines de l'hôpital, dont la grande salle au premier étage s'étend sur les cuisines et la caserne dont nous venons de parler; dans cette salle, un double rang de lits à rideaux, espacés convenablement pour la facilité du service et la libre circulation de l'air, reçoit les forçats qui y sont transportés pour cause de blessures ou de maladies; tous les malades couchent seuls et sont soignés avec tout le zèle et l'attention que l'on peut attendre des pieuses dames de la Sagesse, et les premiers officiers de santé de la marine y déploient toutes les ressources de l'art qu'ils pratiquent avec tant de distinction pour hâter l'instant de leur guérison.

A l'extrémité nord de la salle est un autel où un aumônier spécial célèbre les saints mystères. Les secours spirituels ne manquent pas plus au repentir que les matériels aux besoins temporels. La lingerie, la pharmacie, sont tenues avec cet ordre et cette propreté recherchée qu'on remarque dans tous les établissemens dirigés par des religieuses.

Le bagne est divisé en plusieurs salles, tant au rez-de-chaussée qu'à l'étage supérieur, dans lesquelles les forçats sont répartis selon la durée de leur peine ; qui en voit une les voit toutes ; un immense et solide lit de camp en fait l'ameublement ; à la tête de ce lit sont roulées pendant le jour les couvertures dont ils s'enveloppent la nuit en s'étendant sur la planche. Au pied du lit de forts anneaux en fer reçoivent la barre de même métal qui passe dans la chaîne de chaque couple durant la nuit. Lorsque la cloche appelle aux travaux les ouvriers de l'arsenal, les salles se vident, il n'y reste que les condamnés chargés de quelques détails intérieurs, ou que ceux qui pour quelque faute demeurent attachés au lit de camp sous le poids d'une double chaîne. Chaque salle a une cuisine particulière où se préparent les alimens communs et journaliers et une cantine où les condamnés peuvent pour leur argent se procurer quelques mets plus recherchés; la vente du vin est interdite aux cantiniers ; la ration accordée par jour aux forçats est plus que suffisante ; ils font trois repas, tous trois dans leurs salles respectives ; après celui du soir ils doivent garder le silence jusqu'à l'heure du lever, et les veilleurs de nuit, le factionnaire qui se promène devant leurs croisées, les officiers de ronde n'entendent plus qu'accidentellement le frottement des chaînes. Partent-ils pour le travail ils sont enchaînés deux à deux, et pour qu'ils soient découplés il faut que l'espèce d'occupation à laquelle ils doivent se livrer l'exige, ou qu'une conduite irréprochable leur ait mérité cette faveur, mais ils ne sont jamais dégagés de l'anneau rivé au dessus de leur coude-pied. Y a-t-il de la bigarrure dans leur vêtement, une des manches ou toutes deux sont-elles d'une autre couleur que celle du corps de la veste, c'est un signe indicatif du dégré de surveillance à exercer sur l'individu qui le porte, soit parce qu'il est condamné pour un long-temps, soit parce qu'il s'est déjà échappé où qu'il est en récidive, soit enfin parce qu'il est insubordonné ou dangereux.

La mollesse avec laquelle les condamnés travaillent, la lenteur de leurs mouvements est inimaginable, la perte de temps paraît considérable, et cependant, par une évaluation approximative de leur travail, on calcule une compensation de près de moitié, sur la dépense de 90 centimes au plus que chaque forçat coûte par jour à l'état pour sa nourriture, son entretien et autres frais accessoires. Il n'en est pas moins essentiel d'éloigner les forçats des arsenaux, ou du moins faudrait-il ne les y employer que dans des chantiers distincts et ne jamais les mettre en contact avec les ouvriers, afin de ne pas exposer la jeunesse de ceux-ci à être corrompue par le débit de maximes pernicieuses qui sortent de leur bouche et se mêlent au récit des forfaits dont ils se glorifient.

A peu près au centre du bagne sont placés les bureaux du commissaire chargé de son administration. Quelqu'un qui aurait le temps de consulter les volumineux registres où les noms prénoms, qualités et professions des forçats sont inscrits, où les motifs de leur condamnation sont relatés, trouverait une singulière réunion de gens que le contraste de la naissance, de l'éducation, des emplois qu'ils ont occupés semblait devoir éloigner à jamais d'un pareil accouplement; mais ce qui ne serait pas moins curieux pour l'histoire du cœur humain, ce serait de remonter aux causes et à l'enchaînement des circonstances qui les y ont amenés.

Au devant de la caserne des garde-chiourmes et le long du quai où sont amarrés les vaisseaux prêts à prendre la mer dans un court délai, sont rangés des canons et des caronades, un corps de logis faisant équerre avec celui de l'hôpital, renferme des salles dites d'épreuve où couchent les condamnés qui n'ayant plus que peu de temps à passer au bagne ont obtenu de la satisfaction de leurs chefs un léger adoucissement qui consiste à ne pas être accouplé et à reposer sur un mince matelat leurs membres endoloris. Le quai devant leurs salles est ainsi que celles-ci entretenu avec soin, quelques fleurs y sont cultivées; de ce quai on peut aborder la frégate sur laquelle flotte le pavillon du vice-amiral préfet maritime. Cette frégate, prise sur les Vénitiens en 1797, a ramené d'Egypte en France le général Buonaparte, elle porte le nom de son aide-de-camp; ce brave ayant été tué au passage du pont d'Arcole, le premier consul qui lui était fort attaché, a voulu honorer sa mémoire en échangeant le nom de la *Carrere* que portait la frégate contre celui de *Muiron*; elle sert de corps-de-garde, de maison d'arrêt pour les officiers, de prison pour les matelots; c'est sur son pont que s'exécutent les jugemens des tribunaux maritimes, le hissement d'un drapeau rouge qu'appuie un coup de canon, annonce le moment et la durée de l'exécution. La plate-forme du môle auquel la frégate est amarrée ainsi que celle du môle opposé, se hérissent au besoin de bouches à feu pour défendre l'entrée de la darse dite aussi la vieille chaîne.

Revenus à l'angle nord-est de la langue de terre dont nous avons fait une île, sur le quai qui conduit au pont tournant, nous passerons devant les chantiers où des charpentiers sous les ordres de maîtres constructeurs travaillent à faire des pontons, des embarcations, des canots de toutes grandeurs; nous verrons des calfats occupés à fondre le brai, d'autres ouvriers plaçant dans les étuves des bois ou des planches de diverses dimensions pour leur faire prendre une courbure convenable.

Ayant traversé le pont tournant supporté sur des bateaux au moyen desquels il se replie par moitié, contre l'un et l'autre quai, nous nous trouvons au pied de ces colosses posés sur des chantiers inclinés, d'où, quand on y aura mis la dernière main, ils glisseront majestueusement dans le port, aux acclamations de la foule toujours empressée de voir ce spectacle grandiose; dégagés de leur berceau quand il s'agira de les armer, de dresser leurs mâts, on les conduira sous cette machine gigantesque et ingénieuse, dite machine à mâter élevée en 1760 sur la plate-forme du môle oriental de la vieille chaîne.

L'emplacement couvert par ces énormes tentes, sous lesquelles on travaille à la fabrication ou à la réparation des chaudières des machines à vapeur, est entouré en partie d'édifices qui servent d'ateliers et de magasins; dans celui qui est le plus à notre droite, on confectionne les cabestans; viennent ensuite les ateliers des ébénistes, des tourneurs, des menuisiers, au-dessus les magasins et garde-meubles. Les tentes doivent disparaître et la place rester libre lorsque le projet arrêté de la clore du côté du midi par un corps de logis semblable et parallèle à celui qui la limite au nord, sera exécuté.

A côté de la porte d'entrée de l'arsenal travaillent encore quelques mécaniciens, mais le charbon employé dans leurs forges produisait une fumée qui se répandait au loin, qui, en pénétrant dans les appartemens les mieux clos, rendait inhabitables les maisons voisines; le local d'ailleurs étant trop resserré, cet atelier doit être fermé et remis à celui que nous avons indiqué derrière les bassins. Pour compléter l'exploration des constructions renfermées dans l'arsenal, il ne nous reste qu'à visiter le pavillon de l'horloge et le corps de logis attenant qui fait face au lavoir, le long de ce large canal creusé pour faciliter l'embarquement et le débarquement, où flottent des bâtimens en réparation.

Le pavillon de l'horloge est surmonté d'une tour carrée dans laquelle est placée la cloche dont le tintement annonce l'ouverture et la cessation des travaux; sur la terrasse de cette tour qu'entoure une balustrade, a été établi en 1807 un sémaphore, machine télégraphique qui correspond avec celui qui est élevé au sommet du cap Cepet pour signaler l'éloignement et l'approche des vaisseaux. Au rez-de-chaussée du pavillon on trouve les ateliers des ferblantiers, au premier étage les bureaux du commandant supérieur des bâtimens à vapeur et ceux de la comptabilité de la direction des mouvement du port, au dessus de l'horloge et tout au plus haut, la loge du guetteur.

En suivant le quai où règne même pendant les chaleurs de l'été une fraîcheur agréable, effet naturel, tant de l'immense toile qu'on déploie pour tempérer l'ardeur du soleil, que de l'ombrage que procurent les rameaux courbés en berceau de plusieurs pieds de vigne, on voit au rez-de-chaussée du corps de logis qui est parallèle au canal, les bureaux du directeur et des sous-directeurs de la direction du port, ceux des directeurs des constructions navales précédés de la salle de conférence de MM. les ingénieurs puis le musée maritime ou salle des modèles de tous les bâtimens de guerre, de tous les objets d'art et de mécanique employés dans les arsenaux. Le premier étage se compose de plusieurs pièces qui, à la réserve de celle où couche l'officier de garde qui doit passer la nuit dans l'arsenal, sont autant de bureaux occupés par MM. les ingénieurs et les écrivains.

Une fontaine monumentale où les navires envoient ou viennent faire leur approvisionnement d'eau, construite en 1742 sépare le bâtiment où se trouve la salle des modèles du pavillon isolé où est établi l'atelier des peintres; contentons-nous de voir l'extérieur de ce pavillon, sans y entrer pour respirer l'odeur des drogues qu'on y manipule, consacrons ce qui nous reste de temps à l'examen détaillé des modèles précieux conservés avec soin dans le musée maritime.

La salle des modèles ou musée maritime doit sa création à la sollicitude de M. le baron Charles Dupin, aujourd'hui Pair de France qui, durant son séjour à Toulon en qualité d'ingénieur de la marine, pendant les premières années de la restauration, imagina de réunir dans une grande et unique pièce, des modèles en tout genre de constructions nautiques tant stables que flottantes et d'y adjoindre ceux de diverses machines d'une invention plus ou moins récente. Cette salle est précédée d'un vestibule sur le sol duquel repose le modèle parfaitement exécuté d'un navire avec tous ses agrès, qui a été construit pour l'instruction des élèves.

En entrant dans la salle dont chaque travée est soutenue par une figure plus grande que nature, on reconnaît accolée aux côtés d'une porte qui dans le fond fait face au visiteur la copie en plâtre des fameuses cariatides de l'hôtel-de-Ville dont le moulage a été fait en 1828, sous la direction de M. l'ingénieur Vincent. On se retourne pour examiner la porte que l'on vient de franchir et l'on distingue dans l'une des figures qui l'accompagnent le ciseau de Puget ; c'est tout ce que l'arsenal possède de ce grand artiste. On y conservait avec soin naguères encore de riches sculptures en bois doré qui avaient orné la poupe et les côtés de la Réale, des bas-reliefs représentant le soleil, les quatre élémens, les points du jour, les mois, les saisons, deux renommées, deux tritons, un sauvage en ronde bosse provenant des galères, première et seconde commandante; ces objets ont été réclamés par le ministre et ils enrichissent le musée maritime de Paris. Les bas-reliefs que vous voyez attachés aux parois de celui-ci, sortent des mains des élèves de Puget; ils sont peut-être exécutés d'après ses dessins, c'est son genre, son style, mais ce n'est point sa touche ferme et moëlleuse.

Suivons maintenant chaque travée; vous y trouverez des modèles de toutes les espèces, des bâtimens flottants, depuis la pirogue du sauvage jusqu'au vaisseau de haut bord; barques et galères, canots et bricks, pontons et frégates, vaisseaux sur chantiers prêts à être lancés, apparaux disposés pour haller à terre ou relever les plus gros bâtimens, modèles de cabestans, de poulies, d'engins de toute sorte, de machine à mâter etc. etc. Vous vous arrêterez avec plaisir devant les plans en relief d'écluses de chasse, de bassins de radoub et vous en comprendrez sans explication tous les détails; vous aurez sous les yeux différens modèles de machines à vapeur appliquées à divers usages, de modèles de fours, de cuisines, de chaudières, de tout ce qui est en général du ressort des constructions navales et hydrauliques ou qui se rapporte à la confection des cordages, des chaînes et des voiles, et tout en étant dans l'admiration de ces chefs-d'œuvre en miniature que vos regards interrogent avec tant d'avidité, vous conserverez une partie de cette admiration pour l'ordre et l'élégante propreté avec laquelle tout ce que cette salle renferme est disposé et entretenu.

Une chose qui ne vous aura pas moins frappé dans notre visite générale, c'est la complaisance avec laquelle on a répondu à nos questions, c'est la politesse avec laquelle nous avons été reçus dans les divers ateliers et magasins; partout on retrouve un reflet du bon ton qui distingue les officiers militaires et civils de la marine.

PROMENADE
CINQUIÈME ET DERNIÈRE.
LA RADE.
SOMMAIRE.

Le port vieux. — La petite rade. — Canal de la boulangerie. Magasins et abattoir de la Marine. — Plage de Castigneau. — Entreprise particulière. — Fontaine Missiessy. — Etablissement pour les artifices. — Poudrières de Milhaud et de Lagoubran. — Ancien port d'Ollioulles. — Vallon de St.-Nazaire. — Notre-Dame de Breguillon. — !ort et ville de la Seyne. — Chapelle des Morts — Redoute de l'Aignillette. — Fort Caire ou Napoléon. — Tour de Balaguier. — Diner à la guinguette. — Coup d'œil sur la grande rade. — Les Sablettes et les Deux Frères. — Le Lazaret. — Le cros St.-Georges. — Hopital, chapelle, parc, écho de St.-Mandrier. — Le Sémaphore. — Tombeau du vice-amiral Latonche-Tréville. — Batteries du cap Cepet. — Point de vue. — Batteries basses du fort Lamalgue. — Fort St.-Louis. — La Grosse-Tour. — Le Polygone. — Arsenal et chantiers de constructions du Mourillon. — Vaisseau à trois ponts l'*Océan*. — La frégate la *Belle Poule*. — Fin des promenades. — Projets futurs.

Le temps est beau, mon cher Albert, les flots sont mollement agités par une brise légère, profitons de l'obligeance de M. le capitaine de corvette J. H. V. qui veut bien mettre à notre disposition pour toute la journée une des embarcations du bâtiment qu'il commande, et nous procurer ainsi le moyen de faire le tour de la rade de la manière la plus prompte et la plus commode. Le patron à qui il nous confie est un ancien marin à la mémoire duquel nous pourrons avoir recours en plus d'un cas, nos matelots sont excellens nageurs qu'un peu de fatigue n'effraye pas; des tapis couvriront les bancs et les côtés de la chambre où nous nous asseyerons, un tendelet nous abritera contre les feux d'un soleil trop ardent; nous pourrons nous embarquer sans biscuit; sur les bords où il nous plaira de relâcher, nous trouverons tout apprêté ou prêt à l'être, de quoi reconforter et l'équipage et nous.

C'est sur le quai de la vieille darse, auprès de la Patache qu'on nous attend; partons: les rames sont levées perpendiculairement, le patron debout sur l'embarcadère est disposé à nous tendre une main préservative d'un faux pas; installons-nous: assis derrière nous sur le rebord du canot, notre nocher saisit le gouvernail, à son commandement les rames tombent, elles plient sous l'effort de vingt bras vigoureux, nous voguons et déjà nous avons dépassé la chaîne vieille; nous sommes dans la petite rade.

Ces coques de bâtimens devant lesquels nous filons, sont les débris de ceux qui composaient toute la flotte du dey d'Alger; trophées d'une rapide victoire, monumens de la juste vengeance tirée d'une insulte faite à la dignité nationale; ils disparaîtront bientôt, puisque au lieu de les laisser pourrir inutilement entre les murailles du môle, on en tirera tous le parti possibles, en les transformant en bâtimens de servitude pour le service du port.

Saluons en passant la chaîne neuve, ou l'entrée particulière du port de l'arsenal; ne nous engageons point dans ce canal qui conduit à la boulangerie de la marine ; nous trouverions cependant déposées sur sa rive droite des ancres de toute dimension et du poids de 500 à 4000 kilogrammes, nous verrions sur le sol raffermi par une immense quantité de décombres, de vastes emplacements, clos par des madriers, couverts de charbon de terre. Les bâtiments de la boulangerie dont je vous ai fait remarquer l'extérieur à notre première promenade renferment aux étages supérieurs des bureaux, des magasins à farine, au rez-de-chaussée, des fours et des ustensiles tels qu'on peut y fabriquer jusqu'à 40,000 rations par jour.

Les constructions qui bordent le rivage appartiennent à la marine, l'administration les a fait élever pour y établir l'abattoir, la boucherie et ses accessoires; tout ce quartier se nomme la plage de Castigneau; ce n'était qu'un marais avant la création de l'arsenal, que le transport des vases et déblais provenant du creusage du port, a rendu habitable et susceptible de culture; des maisons plus solides et en plus grand nombre que les guinguettes que vous appercevez y seraient bâties, s'il était permis de construire autrement qu'en bois dans la première zône des fortifications.

Un propriétaire actif, intelligent, à qui l'on doit déjà des découvertes utiles, éprouve dans ce moment des difficultés pour la continuation du projet qu'il avait conçu, en faisant ouvrir ce chenal qui communique à un bassin assez grand creusé par son ordre dans ce pré voisin, dans le but de faire un petit port pour le radoub, à moins de frais, des bâtimens de commerce ; la terre provenant des fouilles, dont avant lui on n'aurait pas tiré parti est mise en œuvre par suite de ses expériences et contre l'opinion de prétendus connaisseurs elle fournit d'excellentes briques que ce capitaliste fait fabriquer et cuire sur place ou dans la jolie propriété qu'il habite à cinq cents mètres d'ici. Son entreprise mérite l'assentiment et les encouragemens que le gouvernement doit accorder à tous les établissemens, à toutes les inventions qui peuvent tourner à l'utilité générale ; sa protection amène le progrès ; c'est ainsi que se perfectionnent et les machines et le gréement de ces bâtimens à vapeur que vous voyez à leur poste rangés en ligne par le travers de Castigneau, attendant le premier signal pour allumer leur feu et déployer leurs voiles.

Remarquez l'abondance et la limpidité de cette eau douce qui se rend à la mer par ce canal peu profond dont l'entrée a été aussi mal à propos resserrée que son lit négligemment entretenu ; elle provient d'une source qui sort au pied de ce petit castel, son lit a changé, il était jadis plus au levant, les habitans de Toulon avaient le droit d'y laver, d'y désaltérer leurs bestiaux, d'y entrer avec leurs bateaux, quand sur ses rives il leur plaisait d'aller joyeusement s'ébattre. Les bâtimens de commerce, les galères et vaisseaux du roi y allaient faire de l'eau, d'abord parce qu'on suppose que l'eau de cette source a la propriété de se conserver plus long-temps, ensuite parce que la source même fut considérée comme appartenant à l'état. Le propriétaire du château essaya à diverses reprises de contester le droit des habitans et de leur interdire l'entrée du canal, il fut débouté de ses prétentions par arrêt du conseil d'état du 17 février 1781; sur son opposition à cet arrêt, et après nouvelles enquêtes, est intervenu un arrêt définitif du 31 janvier 1784 qui, confirmant le dispositif du premier, lui fait inhibitions et défenses de s'attribuer aucun droit de pêche exclusive dans le canal, comme aussi d'en interdire l'entrée aux pêcheurs sous quelque prétexte que ce soit.

Les constructions que la direction des travaux hydrauliques fait élever de l'autre côté du canal et sur le bord de la mer sont destinées à recevoir les établissemens pour ateliers de fabrication et magasins de dépôt des fusées et autres pièces d'artifices qu'il est de la prudence de tenir loin des lieux habités, afin de prévenir les malheurs qu'une explosion peut occasionner. (1).

Cette verte colline dont le versant est revêtu de maisons de campagne moins agréables peut-

---

L'explosion des ateliers d'artifice qui a eu lieu le 27 février dernier (1840), explosion qui a coûté la vie à sept hommes et en a blessé vingt-quatre, a fait trembler d'effroi pour les immenses établissemens du Mourillon.

être par leurs dépendances que par la vue délicieuse dont on jouit de quelque côté que se portent les regards, est la prolongation de celle sur laquelle est assis le fort Malbousquet. A ses pieds nous allons trouver la poudrière de Milhaud sur un terrain jadis entouré d'eau, et un peu plus loin, près de l'embouchure du Las, celle de Lagoubran. Ces poudrières ont été bâties lorsque cédant aux instances des habitans, le gouvernement se décida à détruire deux des trois poudrières qui existaient dans l'intérieur de la ville.

La plage de Lagoubran, qui se rapproche du fond de la petite rade, est d'un facile accès. Les habitans d'Ollioules ayant obtenu du comte de Provence, Louis II, dans les premières années de son règne, la permission d'y embarquer et débarquer leurs denrées et marchandises, permission révoquée en 1411 comme contraire aux privilèges des Toulonnais, y avaient formé une espèce de quai en plantant des pilotis pour soutenir les terres et avaient commencé quelques bâtisses en pierres. Ces constructions qu'ils furent condamnés à enlever ont été détruites de manière à ne laisser aucun vestige, et ne serait-ce pas sur les quelques débris que l'on y a parfois découverts, que des écrivains modernes ont basé leur opinion pour avancer que le premier établissement des fondateurs de Toulon eut lieu au fond de la petite rade entre la poudrière de Lagoubran et la ville de la Seyne?

Le rideau de monticules qui borde le rivage se continue au dessus de ce vallon fertile, borné au midi par la montagne de Sixfours. Le chemin qui en suit les contours conduit à St.-Nazaire, (Sanari en patois) bourg qui n'a que trois siècles d'existence; son petit port est sûr, le mouillage y est excellent; les habitans presque tous marins, ont donné en différentes circonstances, notamment en 1610 et en 1707, des preuves de bravoure et d'intrépidité.

Après avoir longé le côteau sur lequel est rebatie à neuf l'antique chapelle de Notre-Dame de Bregaillon, nous pénétrons dans le port de la Seyne dont les quais ont 700 mètres de développement; son origine est moins ancienne que celle de Saint-Nazaire. Sous le règne de Henri IV quelques habitans de Sixfours adonnés à la pêche ayant bâti des maisons sur le bord de la mer, furent imités par d'autres qui cultivaient la plaine, et bientôt des gens de métiers se joignirent à eux : cette petite colonie forma un hameau dépendant toujours de la commune de Sixfours. La population y prit en peu de tems un accroissement tel, que, devenus propriétaires de la plus grande partie du territoire environnant, les habitans du hameau obtinrent en 1654 l'autorisation de séparer leurs intérêts de ceux du chef lieu et de former une communauté distincte. C'est maintenant une petite ville de 6 ou 700 âmes dont les maisons fort endommagées, presque ruinées pendant le dernier siège de Toulon, ont été rebâties sinon avec magnificence, du moins avec assez de goût apparent. Arrêtons-nous y : il ne nous faudra que peu de tems pour parcourir ses rues passablement alignées, son petit cours, son large quai, pour visiter sa jolie église, son ancien couvent de capucins, dont les bâtimens servent de petit séminaire, son hospice non loin d'une vieille chapelle de pénitens, son moulin à blé mu par la vapeur, son chantier de construction pour des bâtimens de commerce. Un service régulier entre Toulon et la Seyne est établi au moyen des bateaux à vapeur qui partent d'heure en heure chargés plus ou moins de passagers et de menues denrées.

Pendant la semaine, cette petite ville semble déserte ; parce qu'une partie des habitans se livre aux travaux de la campagne qui est très fertile, ou s'adonne à la pêche, et que l'autre, la plus considérable, composée d'ouvriers différens, employés toute l'année à l'arsenal de Toulon, s'y rend chaque matin et ne rentre qu'à la nuit ; mais les jours de fêtes et surtout à certaines époques, soit que la dévotion y conduise la multitude qui va en pélérinage prier aux pieds de la madone dans cette chapelle que vous appercevez au sommet de la montagne de Sicié, soit que les jeux variés du romérage, les danses sous des salles de verdure au son du tambourin et du galoubet, ou d'autres instrumens plus harmonieux, y amène la jeunesse des deux sexes revêtue de ses plus beaux atours, et les grands parens qui vont s'attabler, et les petits enfans qui se vautrent dans la poussière ou se roulent sur la courte pelouse; c'est une foule pour la circulation de laquelle les rues et les quais ne sont plus assez larges.

Rembarquons-nous, portons le cap au sud-ouest, passons rapidement devant les ruines de la chapelle des morts, doublons le promontoire sur lequel est bâti le fort de l'Aiguillette, nous prendrons terre dans l'anse semi-circulaire située entre ce fort et la tour de Balaguier. Pendant que dans la guinguette renommée, rendez-vous de toutes les classes de la société, l'on préparera pour notre équipage et pour nous une ample bouille-à-baïsse, une bourride agaçante, que les crustacées convertiront le vert grisâtre de leur cuirasse en un rouge éclatant, que l'on ira ramasser des clauvisses, des praires, des dattes de mer, (1) coquillages que quelques amateurs préfèrent aux huitres, nous irons visiter l'intérieur du fort de l'Aiguillette, nous monterons au fort Caire, et nous reviendrons par la tour de Balaguier, très disposés à faire honneur aux talents culinaires de notre hôte et à la cuisine provençale.

Le fort de l'Aiguillette commencé en 1691, consiste, comme vous voyez en, une tour carrée à deux étages, défendue par une batterie basse et entourée d'une forte muraille qui embrasse un emplacement dans lequel on trouve des ma-

---

(1) Dattes ou plutôt dails, coquillage espèce de pholade qui vit dans l'intérieur des pierres.

gasins, un four, une citerne, divers appartemments pour loger les officiers et des casemates pour abriter soixante à quatre-vingt hommes. Sa position à la pointe d'un promontoire est fort importante, les bouches à feu, dont on l'arme au besoin, peuvent se tourner avec un égal avantage contre les ennemis qui projetteraient de l'attaquer par terre ou par mer. Les Anglais le sentaient si bien en 1793 qu'ils n'avaient rien négligé de ce qui à leurs yeux paraissait devoir rendre ce fort imprenable; munitions, approvisionnemens, y étaient assemblées en abondance, leur flotte pouvait le ravitailler sans cesse; les anciennes fortifications réparées avec soin, de nouvelles qu'ils y ajoutèrent lui avaient fait donner le surnom de petit Gibraltar. Ils avaient de plus établi, au dessus du tertre qui le domine, une redoute hérissée de canons que protégeait une double enceinte flanquée de deux autres redoutes, défendues par deux mille hommes et un camp retranché, ils n'avaient rien épargné pour faire de cette grande redoute un point inexpugnable. Les généraux anglais étaient sans inquiétude sur le résultat d'une attaque, mais leurs soldats ne tinrent point contre la valeur des troupes républicaines; celles-ci ne se laissant point décourager pour avoir été repoussées deux fois, revinrent à la charge au milieu de la nuit du 16 au 17 décembre par une pluie violente qui en doublait l'obscurité, escaladèrent le retranchement malgré le feu de la mitraille, y pénétrèrent par les embrasures des canons et forcèrent les anglais à l'abandonner, à se replier sur les hauteurs de Balaguier, et, peu d'heures après à chercher un asyle sur leurs vaisseaux. C'est au conseil tenu par les représentans du peuple et les généraux de l'armée républicaine que Buonaparte fit adopter, non sans peine, le plan qui contribua au succès de cette attaque; c'est dans cette circonstance que commença à poindre la réputation du jeune chef de bataillon que plus tard la France a salué du nom d'empereur.

Montons au fort Caire, il a été construit en 1812 par l'ordre de Napoléon, c'est pour cela qu'on l'apelle aussi fort l'Empereur. C'est en terme de l'art une redoute modèle, ce fort, chef-d'œuvre en son genre, entretenu avec soin, protégé par des glacis qui laissent à peine appercevoir la sommité de ses remparts, où tout ce qui est destiné à servir d'habitation, de magasin est à l'épreuve de la bombe, peut avec une faible garnison opposer une longue résistance à un fort détachement de troupes ennemies.

Des hauteurs que nous parcourons, la vue est aussi riche que variée, nous appercevons tour à tour et la ville et son territoire, et les deux rades et la grande mer, et des champs cultivés et de vertes forêts où le chêne-liège dépouillé de son écorce laisse apparaître à nu son tronc couleur de sang, au milieu d'arbustes odoriférants et de plantes aromatiques.

Au lieu du sentier étroit et raboteux que nous avons suivi pour venir de l'Aiguillette au fort Caire, un chemin pratiqué pour les voitures va nous conduire à la tour de Balaguier; ce fort, dont la construction est aussi ancienne que celle de la Grosse Tour, renferme dans son enceinte, en outre d'une tour circulaire à plate-forme, quatre corps de logis à l'épreuve de la bombe.

Mais il est temps de réparer nos forces et d'attaquer en gourmets ichthyophages les mets qui couvrent la table dressée sous cette tente que nos marins ont disposée. La promenade que nous venons de faire, l'air qu'on respire ici sont propres à aiguiser l'appetit; l'exemple de notre équipage, qui se restaure à deux pas de nous, suffirait pour le faire naître s'il en était besoin. Quel plaisir en sablant le vermeil Lamalgue ou le blanc Cassis, d'avoir devant les yeux ce bassin immense qui fournit abondamment à la nécessité et à la sensualité; quelle jouissance de promener ses regards sur l'onde paisible où comme dans un large miroir, se réfléchissent renversés, tremblottans, les remparts de la ville, les arbres, bastides, et autres objets qui bordent le rivage, les hauts mâts et les pavillons de toutes couleurs. Qu'il est agréable de voir se croiser en tous sens cette multitude de canots, d'appercevoir ce vaisseau de haut bord s'avancer majestueusement, carguer ses voiles, manœuvrer avec précision pour jeter l'ancre, tandis que cette svelte frégate se dispose à appareiller, que ce brick, toutes voiles dehors, est prêt à sortir du goulet, et que, dans le lointain, l'arrivée d'un bateau à vapeur, est signalée par un tourbillon de fumée qui va se confondre avec un nuage. Tout admirable qu'est ce spectacle journalier, il est mesquin si on le compare au départ d'une flotte pour une expédition guerrière, quand vingt bâtimens de guerre, deux cents bâtimens de transport appareillent, se mettent en mouvement tous à la fois, au bruit du canon, au son d'une musique militaire qui retentit au loin et vient par intervalles frapper les oreilles de la foule innombrable qui couvre le rivage et s'efforce de faire entendre ses vœux et ses adieux aux braves qui, du tillac, répondent par des signes affectueux aux cris de joie, aux applaudissemens des indifférens, aux accens étouffés par l'inquiétude et la douleur, d'une mère, d'une amie.

Le vent s'élève; profitons-en pour naviguer en faisant usage de la voile, ce dont nos rameurs ne seront pas mécontens. Le rivage que nous cotoyons dépend du territoire de la Seyne; les falaises en cachent la partie la plus fertile, cette langue de terre extrêmement basse et étroite se nomme les Sablettes, elle unit la montagne de Sicié à la presqu'île de Cepet. De l'autre côté de l'isthme des Sablettes, ces deux rochers nus qui, semblables à des pyramides, élèvent leur tête pointue à vingt mètres au dessus des flots, s'appellent les Deux Frères, ils paraissent se toucher et laissent cependant entr'eux une passe, où des navires mêmes d'une certaine force peuvent se hasarder sans danger.

Les bâtimens qui, devant nous, portent une flamme jaune, sont en quarantaine, c'est-à-dire qu'arrivant de lieux suspects ils ne peuvent débarquer ni passagers ni marchandises avant un certain nombre de jours déterminé par les intendans de la santé, la mort d'un passager qui surviendrait par quelque cause que ce fut pendant la durée de la quarantaine, la ferait prolonger de cinq jours au moins ; ceux des passagers à qui la vie de bord est pénible, peuvent passer à terre le temps de leur quarantaine, mais seulement au lazaret dont vous voyez les bâtimens, les magasins, et la vaste enceinte formée par ces murs qui suivent les ondulations de la pente sur laquelle ils sont construits. Les quarantenaires trouvent au Lazaret des appartemens pour se loger, des cours, des jardins pour se promener, se distraire, toute communication immédiate leur est interdite avec les habitans de l'extérieur, et même avec ceux qui, reclus comme eux, doivent y séjourner plus ou moins long-temps.

Avant la construction du lazaret, les navires purgeaient leur quarantaine tantôt au cros St.-Georges, tantôt aux quartiers de Lagoubran ou du Mourillon. On reconnut dès 1622 les inconvéniens résultant de n'avoir point un lieu propice pour former un établissement stable et convenable à son importance, un ordre du roi enjoignit de le fixer à la presqu'île de Cepet ; ce ne fut toutefois qu'en 1657 que la communauté ayant acheté de divers particuliers de Sixfours le terrein qu'elle possède aujourd'hui, commença à faire bâtir des infirmeries et des magasins qu'elle a été dans l'obligation d'agrandir successivement, et dont l'entretien regarde exclusivement maintenant l'intendance sanitaire. La direction du lazaret dépend de cette administration qui confie l'exécution de ses réglemens à un employé supérieur avec le titre de capitaine, qui y réside constamment; ce capitaine a sous ses ordres un lieutenant et divers préposés, son logement particulier ainsi que celui du cantinier, de l'aumonier qui dessert la chapelle dédiée à St.-Roch, érigée en 1664, sont séparés par une double grille de l'enclos des quarantenaires, et c'est à travers cette double grille que de vive voix on communique avec ceux-ci. Ce joli pavillon qui avance sur la mer est réservé à MM. les intendans, il a été bâti en 1832 ou 1833, il renferme une belle salle où ces MM. s'assemblent en certaines occasions, et des appartemens meublés où ils peuvent coucher au besoin. Nos relations multipliées avec l'Algérie et le Levant, ayant plus que doublé le nombre habituel des quarantenaires, l'administration sanitaire se trouve dans la nécessité d'agrandir proportionnellement le local du lazaret; vous pouvez en juger par l'étendue de ce mur d'enceinte qu'elle a fait construire tout récemment.

L'anse qui vient ensuite se nomme le cros St.-Georges, c'est un port naturel; les bâtimens y trouvent un sûr abri. Quelques historiens ont pensé que les premiers habitans de Telo Martius s'étaient fixé là; leurs conjectures sont dénuées de vraisemblance, dit M. Pons, dans sa brochure intitulée : Recherches sur l'origine de Toulon. Nous partageons son avis; ce n'est pas sur un rivage où l'on ne trouve pas de sources abondantes que l'on fonde une cité; de jolies habitations bordent cependant en petit nombre les rives du cros St.-Georges, elles sont entourées de jardins où la végétation est extrêmement précoce, elle y est favorisée par le rapprochement des collines et par l'abondance des rosées qui y entretient une fraîcheur salutaire. L'industrie y a établi quelques fabriques, et le commerce des magasins d'entrepôt.

Sous quel noble aspect se présentent les bâtimens et les dépendances de l'hôpital de St.-Mandrier affecté spécialement au service de la marine! Quel bel effet produit cette chapelle élégante qui les domine! ne nous contentons pas d'admirer d'ici ce grand établissement, allons mouiller dans son port, bassin carré formé par une solide maçonnerie revêtue de larges dalles en pierre de taille. Descendons et entrons par l'un de ces pavillons de pareille architecture, l'un est affecté au logement du concierge, l'autre est disposé pour le service des corps de garde.

La grande cour sur laquelle s'ouvre la grille posée entre les deux pavillons, est limitée à l'est, au midi et à l'ouest par trois grands corps de logis isolés l'un de l'autre qui communiquent cependant entr'eux par des ponts suspendus jetés d'étages en étages; une galerie qui se répète à chaque étage, éclairée sur la cour par de hautes et larges arcades, a été construite après coup autant pour consolider les bâtimens que pour procurer aux convalescens un lieu d'exercice à l'abri des variations de la température.

Les corps de logis latéraux renferment chacun cinq à six grandes salles destinées aux matelots malades, des lits en fer placés pour les y recevoir, ne sont toutefois occupés que dans des cas exceptionnels, c'est à-dire lorsque le nombre des malades excède celui que peut admettre l'hôpital que la marine possède dans l'intérieur de la ville.

Le corps de logis qui nous fait face contient au rez-de-chaussée les cuisines, les salles de bains, la lingerie, la pharmacie: au premier étage on trouve des salons d'apparat et des appartemens pour les officiers malades; le second est distribué en plusieurs pièces pour le logement des employés supérieurs; du premier étage auquel on est parvenu par un bel escalier à double rampe, on passe de plein pied, au moyen d'un pont, sur une vaste terrasse qui n'est autre que la voûte d'un immense réservoir où est conservée bien clarifiée l'eau recueillie dans une citerne construite vingt ou trente mètres plus haut; de cette terrasse en allant chercher les degrés qui montent à la chapelle, l'œil domine sur un grand emplacement, terrein encore inculté en partie, que l'on continue de défoncer pour en faire un potager. Cet emplacement est clos au nord, dans l'alignement des pavillons d'entrée par une large grille, au levant par un long bâtiment en appentis où logent les forçats employés à divers travaux des constructions d'entretien, de culture, et un nombre de gardes chiourmes proportionné à celui des condamnés.

Dans l'emplacement que nous avons sous les yeux, auprès des mardelles à peu près ruinées d'un puits dont on ne fait plus usage, étaient jadis l'ermitage dit de St.-Mandrier et une chapelle dédiée à ce saint (1), non loin de laquelle avaient été faites quelques constructions qui ont

---

(1) Cette chapelle avait été construite sur une partie de l'emplacement d'une tour antique attribuée par la tradition aux Phocéens. Ainsi le rapporte maître Denans notaire de Sixfours et Vignier de la Seyne qui a écrit en 1713 une histoire de ces deux communes. Il était âgé de 74 ans, dit-il, et affirme avoir encore vu dans sa jeunesse quelques pans de l'épaisse muraille de la vieille tour s'élever de deux cannes 1/2 (environ 5 mètres) au dessus du sol.

Peu après le décès de St.-Mandrier, c'est-à dire à la fin du sixieme siècle, les habitans de Sixfours, continue maître Denans, firent bâtir non loin de cette tour une autre chapelle en l'honneur de St.-Honorat, archevêque d'Arles, dont les dépouilles mortelles avaient séjourné dans la presqu'île de Cepet où le vaisseau qui les transportait à l'île de Lerins s'était vu forcé de relâcher. Cette version fort exacte quant à l'existence d'une chapelle sous le vocable de S.-Honoré, dont plusieurs actes font mention, ne l'est point quant à l'époque ou du moins quant à la cause de son érection. Les reliques de St.-Honorat n'ont été transférées au monastère de Lerins dont il avait été abbé qu'en 1391.

Pour ce qui est de la chapelle St.-Mandrier, voir la note page 27.

servi d'hôpital aux marins, hôpital abandonné définitivement en 1750. (1) Lorsqu'en 1816 on commença à creuser les fondations de celui-ci,

---

(1) Ces constructions utilisées par intervalles consistaient en deux ailes de bâtiments sans étages, formant un angle obtus; ces bâtimens élevés par ordre de Louis XIV en 1670, portant le nom d'hôpital St.-Louis, occupaient le milieu de la grande cour actuelle; on pouvait y placer cinq cents malades et il aurait été facile avec peu de dépense d'en admettre trois fois autant, si l'on s'était déterminé à adopter le projet soumis à l'administration municipale le 22 ventose an V (2 mars 1797) par M. Mongins, commissaire du directoire exécutif. « St.-Mandrier est distant de Toulon d'environ une lieue et demie, il présente ses positions au nord et au sud et se trouve à 1500 toises ou environ du lazaret.

Cet hospice peut contenir de quatre à cinq cents malades; dans son enceinte il existe l'édifice d'un ancien prieuré, où l'on peut établir des magasins, une pharmacie et des logemens pour les officiers de santé et de l'administration civile. Les salles des malades sont au rez-de-chaussée, actuellement un peu humides, mais en les investissant d'un petit fossé et en relevant le plein pied intérieur de 15 à 18 pouces de gravier ou d'empierrage on l'assainirait sans nuire à la hauteur de la salle. Les murs et les fondemens des salles peuvent supporter l'élévation d'un et même de deux étages et fournir ainsi un local susceptible de recevoir douze à quinze cents malades. »

« L'étendue du terrein dont on peut disposer est immense, rien ne s'opposerait à ce qu'on prolongeât l'édifice du côté du sud, et dans le cas d'épidémie et d'affluence trop considérable de malades, à ce qu'on établit des ambulances.

« Les eaux par le passé n'y ont jamais manqué, il subsistait un canal qui ramassait celles dérivant de l'intérieur de la montagne et les conduisait dans un réservoir suffisant à tous les besoins.

« Depuis dix-huit mois, dans le but d'augmenter le volume des eaux, on a fait des travaux qui en ont dérangé le cours; des opérations mal dirigées, contraires à tous les principes hydrauliques, ont fait perdre les sources, que l'on peut retrouver soit en ayant recours aux anciens procédés soit en mettant en usage on découvrit des tombes d'une haute antiquité ; ces tombes ou plutôt ces bières ont été brisées par les ouvriers, aucun ami des arts ne surveillant leurs travaux, faute qui se commet presque toujours, lorsque l'on défonce un terrein négligé depuis long temps. Elles consistaient en deux pièces oblongues dont l'une creusée intérieurement servait d'étui au corps et offrait un enfoncement pour placer la tête, tandis que l'autre légèrement bombée s'adaptait sur la première comme un couvercle; plus étroites du côté des pieds que de celui de la tête, elles indiquaient par là leur antiquité ; l'usage de donner aux deux bouts une largeur égale, dit M. Legrand d'Aussy, ne datant guères que du 13e siècle. Il est fâcheux qu'on n'en ait pas conservé les débris, on aurait probablement trouvé dans leur intérieur quelque inscription peinte ou gravée rappelant le nom de ceux dont le corps y avait été déposé. Peut-être renfermaient-elles les cendres d'un Cyprien, abbé qu'il ne faut point confondre avec le Cyprien évêque de Toulon, lequel abbé sorti du monastère de Lérins pour vivre dans la solitude, se serait retiré dans ce lieu, désert alors, où il aurait converti à la fois les SS. Mandrier et Flavien jetés par hazard sur la côte: lesquels devenus ses compagnons, ses imitateurs,

---

les connaissances et les talens des citoyens expérimentés qui ne manquent point à Toulon. »

« Nous vous invitons, citoyens administrateurs, à discuter à fond nos observations, etc. etc.

ont été massacrés avec lui par les Ostrogots ariens en 576. (Vieux manuscrit). Ne nous étendons pas davantage sur les regrets que peut nous causer la disparition de quelques vestiges d'antiquité, reportons-nous vers les chefs-d'œuvre de l'architecture moderne et montons à la chapelle terminée depuis un an et non encore consacrée.

Cette chapelle est une rotonde périptère, décorée de colonnes d'ordre Ionique extérieurement, et d'ordre corinthien intérieurement. Ce monument est du plus gracieux effet dans tout son ensemble; les seize colonnes accouplées de son intérieur ont 7 m. 20 c. de hauteur, elles reposent sur un stylobate de 1 m. 30 c., leur entablement de 1 m. 60 c., supporte une voûte sphérique ornée de caissons à rosaces, percée de lunettes en hemicycles pour les tribunes qui règnent sur le péristyle circulaire; on arrive à ces tribunes par un joli escalier en vis creuse construit à droite du sanctuaire, la sacristie occupe à gauche un semblable espace. L'escalier, la sacristie et le sanctuaire sont empruntés dans le fond sur le péristyle; trois portes donnent entrée à la chapelle, une en face de l'autel, les deux autres au diamètre; l'autel en marbre gris foncé est adossé au mur du sanctuaire, au dessous d'un tableau peint par M. de Clinchamps; le sol de la chapelle est recouvert d'une marqueterie en marbres du pays de différentes couleurs, mosaïque du meilleur gout; le jour vient du milieu de la voûte percée circulairement et surmontée d'une grande croix en fer façonnée en grecque. Toute la menuiserie est admirablement exécutée; le péristyle a deux mètres de largeur dans son œuvre, et le diamètre de la *Cella* ou intérieur de la chapelle est de douze. Les sculptures des chapiteaux et des divers ornemens qu'on ne se lasse point d'admirer, sont ainsi que tout l'édifice l'ouvrage des condamnés.

Le parc qui dépend de l'hôpital St.-Mandrier est dessiné sur la pente de la montagne; on le parcourt par des sentiers en zig-zags qui en doublent l'étendue. On est distrait en les montant par de belles fleurs où des branches d'une multitude de plantes où d'arbustes indigènes et exotiques qui en tapissent les bords; parmi les plantes, le coton parvient en maturité, et d'autres aussi rares sont cultivées avec succés. On arrive ainsi à la grande citerne que couvrent des voûtes jumelles accolées à la montagne; sous ces voûtes, on est saisi d'étonnement d'entendre l'écho syllabique répéter distinctement jusqu'à trois à quatre fois des paroles prononcées à mi-voix et l'on tressaille quand la repercussion d'un coup de fusil revient jusqu'à vingt fois frapper les oreilles des visiteurs.

A côté de la terrasse pavée en brique qui couvre les voûtes de la citerne et d'où l'on apperçoit toutes les dépendances de l'hôpital, s'élèvent deux jolis petits corps de logis sans étages. Dans l'un demeure le directeur du parc et des jardins, dans l'autre, MM. les professeurs de la marine viennent se reposer ou continuer le cours de leurs leçons de botanique.

Puisque nous n'avons pas le tems de profiter de l'offre que l'on nous fait de nous ouvrir cette porte qui joint le cimetière où reposent de nombreuses victimes du choléra de 1835, pour gagner le plateau de la montagne, ce qui abrégerait singulièrement le trajet, contentez-vous, mon cher Albert, d'une courte description de ce que vous y verriez. Après avoir gravi péniblement un sentier tortueux au milieu des broussailles, des arbustes qui croissent maigres et rabougris sur le versant nord de la montagne, vous parviendriez à son extrémité la plus orientale, là près d'une redoute dans le genre du fort Caire et bâtie à la même époque, vous vous trouveriez au pied du sémaphore construit au commencement du siècle, en remplacement de ce qu'on appelait la Croix des Signaux ; cette croix n'était autre chose qu'un haut mât fiché profondément en terre, une vergue mobile y attachée figurait les bras au bout desquels étaient appendus des pavillons indicateurs ; vous feriez avec recueillement le tour de la pyramide sous laquelle est enterré le vice-amiral Latouche Tréville, mort en rade en 1805 à bord du *Bucentaure*, commandant en chef l'escadre française dans la Méditerranée ; promenant ensuite vos regards avec délices sur la vaste mer dont les limites du côté du midi se confondent avec l'atmosphère, vous les rameneriez sur la côte et vous découvririez les îles d'Hyères appelées jadis îles d'or et dans l'antiquité Stœchades, la presqu'île de Giens qui couvre la rade d'Hyères dont l'entrée est défendue par le fort Bregançon. Cette presqu'île était la propriété de la noble et puissante famille des comtes de Carces-Pontevès dont le nom est fréquemment rappelé dans les histoires de Provence, parce qu'ils y ont joué un grand rôle en paix comme en guerre; vous appercevez d'ici leur antique manoir. Entre le cap de Carqueirane, qui se rapproche de Toulon et le chateau de Ste.-Marguerite, une plage dont l'abord est facile, porte le nom de Plage de la Garonne; on peut supposer qu'elle doit ce nom au débarquement d'une troupe partie des bords de la rivière qui traverse la Guienne. Les rochers de couleur rembrunie que vous verriez ensuite forment la pointe du cap Brun, une batterie y est établie. Vous ne quitteriez pas le plateau sans remarquer à vos pieds la multitude de travaux importans, faits pour asseoir les batteries, qui entourent la presqu'île de Cepet et la rendent inabordable.

Avant de sortir de l'enclos de St.-Mandrier qui renferme de si beaux monumens, en observant surtout que ce n'est qu'une vaste solitude, ne serez-vous pas tenté de penser avec beaucoup d'autres qu'il conviendrait d'en changer la destination. Si des obstacles s'opposent à ce qu'on y établisse une école navale, ainsi qu'il en a été question, ne pourrait-on, ne devrait-on pas en faire un hôtel pour les invalides de la marine, sauf à faire construire au quartier du

Mourillon, pour l'hôpital maritime, une succursale où le service ne serait entravé par aucun temps.

Reprenons notre embarcation, avançons en biaisant un peu dans le goulet, nous virerons de bord pour longer l'autre rive sous la batterie basse du fort Lamalgue, sous le canon du fort St.-Louis et de la Grosse Tour.

Le fort Saint-Louis bâti sous le règne de Louis XIV est construit sur un terrein rapporté sur la rive gauche du lit creusé d'après les plans du maréchal de Vauban, pour dévier le cours du ruisseau de l'Eygoutier. A l'époque de sa fondation, la mer brisait tout autour de ses murailles, on y pénétre aujourd'hui presque toujours à pied sec; dominé comme il l'est par les hauteurs, ce fort n'est pas susceptible de pouvoir résister long-temps quand il est attaqué par terre. Les sièges de 1707 et de 1793 l'ont prouvé, ses défenseurs ont été contraints de l'abandonner après deux ou trois jours de nobles et périlleux efforts.

La Grosse Tour est plutôt un fort circulaire qu'une tour proprement dite, son diamètre est de 60 mètres et ses murailles épaisses renferment tous les bâtimens nécessaires pour le logement d'une forte garnison. Les fondations de la Grosse Tour datent de 1514, dernière année du règne de Louis XII; ses casemates ont servi de prison aux persécutés de l'un et de l'autre parti, pendant le régime républicain, avant et après la terreur, et tel que l'autorité sans force, sans énergie, y faisait conduire pour le soustraire à la fureur d'un peuple égaré, a péri en s'y rendant, lâchement assassiné par des bras sanguinaires.

Sur notre droite et après avoir doublé la Grosse Tour, remarquez ces canons braqués contre ce monticule: c'est le Polygone où l'on exerce au tir de la bombe et du boulet les équipages de ligne. Le plus adroit dans le pointage du mortier, celui qui calcule sa portée de manière à faire tomber la bombe dans un tonneau, reçoit en prime d'encouragement une somme bientôt dépensée avec ses camarades qui le promènent en triomphe par la ville. Des pavillons rouges indiquent la durée de l'exercice, ils sont hissés ainsi pour prévenir les passans de ne point s'approcher du but.

Descendions-nous au Mourillon dont, de notre canot, nous découvrons tout l'ensemble? oui ne serait-ce que pour examiner le mécanisme de la scierie que fait agir une machine à vapeur, et y voir convertir les plus grosses pièces de bois en madriers, en planches de toute épaisseur, et ces dernières en lames presqu'aussi minces que des feuilles de papier.

Le sol du Mourillon est un terrein d'alluvion formé par les vases et les cailloux entraînés par le ruisseau de l'Eygoutier avant sa dérivation. On y voyait jadis des fosses où l'eau de la mer qu'on y introduisait déposait en s'évaporant le sel dont elle est imprégnée, il s'en fesait un commerce considérable. Le dépôt des déblais provenant du creusage de la vieille darse, ont fait disparaître cette branche d'industrie. Il existait encore dans ce quartier, il n'y a pas long-temps, un magasin à poudre non loin d'un ancien cimetière des Turcs, ce magasin a dû être détruit lorsque la marine s'est emparée de ce terrein pour y conserver, soit à découvert, soit sous des hangards couverts en planches, ses énormes approvisionnemens de bois dont la consommation est si considérable.

Maintenant c'est un immense chantier clos par de bonnes murailles. Vous y voyez, les unes commencées, les autres presque achevées, des cales couvertes dont le nombre doit être porté à quinze. Il a fallu bâtir un grand corps de logis pour placer les bureaux des officiers militaires et civils, pour loger les concierges et gardiens, pour établir différens corps de garde et divers ateliers. On a construit de beaux hangards fermés pour le dépôt et la conservation des bois; c'est enfin un nouvel arsenal pour la construction des bâtimens de guerre de toute grandeur : des quais solides se prolongent sur toute son étendue.

Des connaisseurs prétendent que cet arsenal, dont la création était indispensable, aurait été mieux placé à Castigneau, à toucher pour ainsi dire l'arsenal dans le port duquel il faudra toujours amener les bâtimens pour les gréer, pour les armer; ils ajoutent que parmi les considérations mises en avant pour faire donner la préférence à la plage du Mourillon on s'est bien gardé de laisser pressentir qu'en entassant des masses de pierres, soit brutes, soit taillées, afin de soutenir un terrein mouvant, c'était exposer les navires qu'un violent nord-ouest ferait chasser sur leurs ancres, à venir s'y briser, tandis qu'en pareil cas ils ne risqueraient que d'échouer sur la vase. Mais quel est le projet qui ne trouve pas de contradicteurs, et suivant MM. les ingénieurs, les dépenses incalculables pour l'établissement d'un aussi vaste chantier au quartier de Castigneau sur un terrein d'où l'eau jaillit, au premier coup de pioche pour ainsi dire, n'auraient-elles pas rencontré une opposition mieux fondée, et n'est-il pas plus raisonnable au lieu de discuter sur ce qu'il eût été plus à propos de faire, de continuer ce qui est commencé; c'est à quoi l'on travaille avec activité.

Votre curiosité, mon cher Albert, ne serait pas complètement satisfaite, si nous rentrions au port sans que je vous eusse fait visiter un vaisseau de guerre, je le devine à l'air dont vous fixez cette masse imposante dont une partie s'élève autant autant au dessus des flots que l'autre est enfoncée au dessous. Dirigeons-nous donc vers ce beau navire sur lequel flotte le pavillon d'un vice-amiral prêt à aller soutenir avec courage l'honneur du nom français dans les contrées lointaines, comme il a défendu avec zèle les intérêts du pays dans les discussions parlementaires auxquelles le vote toulonnais l'a mis à même de prendre part.

Ce vaisseau de cent vingt canons et de mille quatre-vingt-sept hommes d'équipage sur le pied de guerre, offert à Louis XVI par les états de Bourgogne, dont il a d'abord porté le nom, a été construit à Brest d'après les plans et devis de M. le baron Sané, inspecteur-général du génie. Commencé le 12 août 1780, il a été mis à l'eau le 15 novembre 1790. Le nom des provinces ayant disparu par suite de la division du territoire en départemens, il a changé le sien pour s'appeler la Côte-d'Or. Il a été armé pour la première fois le 22 juillet 1793 sous le commandement de MM. Landais et Villaret Joyeuse.

De l'an deux de la république (1794) jusqu'à la fin de l'an IV (21 septembre 1796), commandé par M. de Villaret-Joyeuse, il a porté successivement le nom de la *Montagne*, du *Peuple*, de l'*Océan*. C'est sous ce dernier nom que depuis 1796 jusqu'en 1816 constamment armé, il a pris part à différens combats sous les vice-amiraux, Villaret-Joyeuse, Morard de Galles, Bruix, de Latouche-Tréville, Delmotte, Dordelin, Willaumez et Jacob. Mis en réserve depuis cette époque, il a dû subir de grandes réparations, une refonte totale peut-être, pour être dans l'état où nous le voyons aujourd'hui : montons-y.

Par l'échelle du commandement, escalier large, commode et mobile, qu'on enlève au moment de l'appareillage, nous nous introduirons dans la deuxième batterie d'où nous monterons sur la troisième, puis sur le tillac ou pont, accompagnés par l'officier qui nous a reçus avec tant de courtoisie. L'officier de service a qui il nous présente, répond à nos salutations en nous offrant un guide pour nous conduire dans toutes les parties du vaisseau; il nous prévient : je l'en aurais prié si je n'avais compté sur la complaisance du secrétaire de l'amiral qui se prête de la meilleure grace à cette corvée.

Quel ordre, quelle symétrie, quelle propreté règne partout, comme ces peintures sont fraîches, ces cuivres brillans, ces fers noirs et luisans, ces cables disposés avec précision; quelle immense surface présente le plancher uni comme un parquet sur lequel nous marchons! Sa longeur prise d'une extrêmité au dessus de la dunette à l'autre au dessus du gaillard d'avant, excède de six à sept mètres celle de la quille du vaisseau qui est de 63 m. 19 c.; sa largeur est de 16 m. 47 c.

Venez voir dans la dunette le logement de l'amiral et de son chef d'état-major, vous y trouverez salon, salle à manger, chambres à coucher, cabinets de travail, galeries ou grands balcons où l'on peut prendre le frais en négligé; l'acajou, les glaces, les dorures, en forment les panneaux. A ces pièces distribuées, ornées, meublées avec un goût, une recherche, une élégance qui rivalisent avec ce que l'on voit de mieux dans les plus beaux hôtels, sont joints tous les accessoires qui rendent une habitation confortable.

A travers cette forêt de cordages dont chaque brin a sa destination et son nom particulier, admirez la hauteur du grand mât, depuis son pied à fond de cale jusqu'a la hune, cette hauteur est d'environ trente-neuf mètres et s'élève jusqu'à près de 72, lorsque le bas-mât est surmonté de ses mâts de hune, de perroquet et de cacatois; son plus gros diamètre est de 1 m. 50 c. La dimension de la grande vergue n'est pas moins étonnante, sa longeur est de 35 m. 72 c., son diamètre de 0 m. 78 c. Il faut de onze à douze cents mètres de toile pour confectionner la voile qui y est attachée. (1)

Les gaillards (ainsi se nomment une certaine portion à l'avant et à l'arrière du pont), sont armés de 20 caronades de 30; dans les bastingages sont placés tous les hamacs de l'équipage.

Dans la troisième batterie, qui est immédiatement au dessous de nous, nous allons trouver la partie du fond de l'arrière, occupée par le logement du capitaine commandant, c'est à peu près la répétition du logement de l'amiral, les côtés sont distribués pour loger le capitaine de corvette commandant en second, l'aide-major et les bureaux de la majorité; sur l'avant de cette batterie sont installés les fours, cuisines et accessoires; cette batterie est forte de 34 obusiers de 30, auprès de chaque pièce sont

---

(1) Longueur des bas-mâts; du grand mât, 38 m. 98 c.; du mât de misaine, 36 m. 38 c.; du mât d'artimon, 26 m. 96 c.

placés avec régularité les projectiles, les sabres et les pistolets pour la défense des canonniers en cas d'abordage.

Nous verrons à l'arrière de la seconde batterie, armée de 4 obusiers de 80 et de 30 canons de 30 courts, la grande chambre des officiers, vaste et beau salon où mangent ces messieurs et où ils se réunissent lorsque cela leur convient. A l'avant de cette batterie sont situés l'hôpital et la pharmacie.

En descendant dans la première batterie forte de 32 canons de 30 longs, dont les sabords sont à 1 m. 50 c. du bord de l'eau, vous remarquerez à l'arrière, dans le fond, les chambres des officiers, à droite le poste des élèves, à gauche celui des chirurgiens, à l'avant divers ateliers et le logement des maîtres.

Dans la cale, sous nos pieds, nous allons voir en prenant de l'arrière à l'avant les soutes à poudre, à biscuits, à vin, à eau, à vivres et autres approvisionnemens de tout genre, enfin le magasin-général, qui n'est pas la pièce la moins curieuse du navire ; pénétrons-y : il est éclairé comme un des beaux magasins de Paris et tenu avec autant d'ordre et de propreté, je dirai presque de luxe ; dans ces tiroirs, ces boîtes, ces casiers où sont renfermés tous les outils, tous les objets dont peuvent avoir besoin les différens ouvriers charpentiers ou menuisiers, forgerons ou serruriers, armuriers ou voiliers, peintres ou tapissiers, embarqués pour subvenir à une réparation quelconque.

Un vaisseau de la grandeur de celui-ci comporte un chargement de deux mille cinq cent soixante tonneaux; (1) il a mille quatre-vingt-sept hommes d'équipage, officiers compris, et prend six mois de vivres; l'équipage couche et mange dans la troisième et la seconde batterie, vous avez dû y remarquer les bancs et tables suspendues à des crocs, les casiers où les marins déposent leurs sacs, les haches et les sabres d'abordage attachés autour des sabords.

Du pont où nous allons prendre congé et de l'officier de service et de celui qui nous a si complaisamment guidés dans le dédale que nous venons de parcourir, vous demandez, mon cher Albert, quel est ce bâtiment peint en noir que vous voyez à trois ou quatre encablures de distance? il se nomme la *Belle-Poule* : c'est une frégate de soixante canons, dont le prince de Joinville a pris le commandement en quittant celui de la *Créole* sur laquelle son Altesse s'est distinguée à Saint-Jean-d'Ulloa. La *Belle-Poule* prête à déployer ses voiles pour une mission plus pacifique, qui n'aura toutefois pas moins de retentissement, va religieusement remplir les derniers vœux d'un illustre exilé: elle se rend à Sainte-Hélène afin d'y recueillir et de rapporter en France les dépouilles mortelles du grand Napoléon. Il est malheureusement trop tard pour que nous puissions entreprendre de la visiter.

---

(1) **Deux millions cinq cent soixante mille kilogrammes.**

Tous les bâtimens viennent de saluer et d'amener leur pavillon ; c'est l'heure de la retraite. (1)

Après avoir examiné dans son ensemble et ses détails un vaisseau de premier rang tel que celui que nous quittons, après avoir admiré

---

(1) Voici ' description de la chapelle construite dans la batterie et du cénotaphe impérial qui y était déposé.

« Le cénotaphe construit dans notre port sous la direction de M. Vincent, ingénieur de la marine, remplit presque entièrement la chambre ardente, et ne laisse qu'un passage entièrement étroit entre les candelabres et les parois de la chapelle ; un petit autel est élevé sur l'arrière, contre la cloison qui la sépare du carré des officiers ; les tentures du plafond et du pourtour sont en velours étoilé d'argent, les cordons, franges et glands sont en argent ; ce monument a ses bas reliefs en grisaille, il est peint en blanc et son couronnement est parsemé d'abeilles, à chacun de ses angles inférieurs est placé un aigle doré sur la tête duquel est suspendue attachée à l'angle supérieur une couronne de lauriers également dorée ; au dessus du couvercle au point d'intersection des lignes diagonales qui joignent entre eux les sommets des angles solides de côté, est posée la couronne impériale.

« Sur les quatre faces du monument, sont peintes les figures allégoriques de l'histoire qui écrit les hauts faits du héros, de la justice appuyée sur le code enfanté par son génie, de la religion qu'il rétablit lors de son avancement au pouvoir, et enfin l'ordre de la légion-d'Honneur institué par lui. Le chiffre de l'Empereur est tracé sur les angles plans, au dessus des peintures qui rappellent les travaux et la gloire de son empire. »

« Autour des quatre faces sont placés des candelabres en forme de demi lozanges, supportant une certaine quantité de petits flambeaux qui doivent éclairer la chapelle quand les dépouilles de Napoléon y seront renfermées. »

Copié littéralement dans le *Toulonnais* du 28 juin 1840.

La lithographie a reproduit les détails qui précèdent d'après l'esquisse due au crayon de M. Letuaire, professeur au collège de Toulon, sa ville natale.

Cette frégate, partie le 7 juillet de Toulon, a mouillé à Cherbourg le 30 novembre.

cette gigantesque production du génie, après avoir réfléchi sur les longs et pénibles tâtonnemens par lesquels on a dû passer pour parvenir à cette étonnante perfection; après que l'imagination s'est égarée à calculer le nombre des bras employés à sa construction, à la préparation, à la fabrication des matériaux et autres objets de tout genre indispensables à sa confection et à son emmenagement, ne serait-on pas tenté de s'énorgueillir de sa qualité d'homme ? mais, quand on pense qu'un instant suffit pour détruire cette merveille, que tous les efforts humains sont impuissans contre la violence des flots soulevés par la main qui suscite et appaise la tempête, on rentre dans l'humilité salutaire qu'admet une saine philosophie, et l'on s'écrie : Dieu seul est grand!......

Nous touchons au quai, mon cher Albert ; c'est à regret que je me vois au terme de nos explorations : j'espérais que vos affaires ne vous rappelleraient pas si promptement à Paris et que demain et les jours suivans seraient consacrés à des excursions dans nos rians environs. Hyères, patrie de l'illustre Massillon, ses ruines, ses constructions modernes, ses jardins comparables à celui des Hespérides, son fertile territoire ; la délicieuse vallée de Solliès et de Belgentier ; le site romantique et les débris des anciens monastères des Chartreux de Montrieux ; le vallon animé de Dardennes ; la tour antique du Revest ; l'église gothique et fort remarquable de Solliès-Ville ; le rivage de la mer depuis Toulon jusqu'à la pointe de Carqueirane, si pittoresquement accidenté, étaient des lieux que je me proposais de vous faire parcourir et dont j'aurais essayé de vous crayonner l'histoire. Mais vous me promettez de revenir l'an prochain : Partie remise n'est pas perdue.

TABLE ABRÉGÉE DES MATIÈRES.[*]

Introduction : Coup-d'œil sur la route de Marseille à Toulon.................................. Page 1
Résumé de l'histoire de Toulon depuis le premier siècle de l'ère chrétienne jusqu'en 1486........ id. 15
1re Promenade. Tour de la ville, entrée par la porte d'Italie. Quartier vieux. Le Cours. La Place au Foin. Rue des Chaudronniers. Place St-Pierre. Rue Neuve. Rue Royale...................... id. 73
Siège de Toulon en 1707, extrait de la relation d'un témoin oculaire............................ id. 128
2e Promenade. Porte de France. Champ-de-Bataille. Intendance sanitaire. Quai. Hôtel-de-ville. Porte Neuve. Nouveau fort. Forts de la Malgue, Ste-Catherine, d'Artigues, Faron............... id. 137
Reddition de la ville de Toulon au Connétable de Bourbon en 1524............................ id. 174
3e Promenade. Ancien Toulon, ce qu'il était avant le règne d'Henri IV, ce qu'il est aujourd'hui..... id. 181
4e Promenade. L'Arsenal, détail de tous les établissemens qu'il renferme. Bagne. Salle des modèles. Musée maritime........................ id. 231
5e et dernière Promenade. La Rade. Plage de Castigneau. Missiessy. La Seyne. Forts de l'Empereur et de l'Aiguillette. Tour de Balaguier. Lazaret. St-Mandrier. Fort St-Louis. La grosse Tour. Arsenal du Mourillon. Visite d'un vaisseau à trois ponts. La frégate la *Belle-Poule*....... id. 259

(*) Voyez le sommaire en tête de chaque promenade.

www.ingramcontent.com/pod-product-compliance
Lightning Source LLC
Chambersburg PA
CBHW071419150426
43191CB00008B/974